FACULTÉ DE DROIT DE PARIS

DROIT ROMAIN

DE LA GARANTIE POUR ÉVICTION
EN MATIÈRE DE VENTE

DROIT FRANÇAIS

DE LA COMPÉTENCE DES TRIBUNAUX FRANÇAIS
À L'ÉGARD DES ÉTRANGERS
EN MATIÈRES CIVILE ET COMMERCIALE

THÈSE POUR LE DOCTORAT

PRÉSENTÉE ET SOUTENUE

le Samedi 3 Juin 1893, à 1 heure

PAR

Gaston FARNIÉ

AVOCAT À LA COUR D'APPEL

Président : M BUFNOIR, *professeur.*

Suffragants : { MM. LABBÉ. CHAVEGRIN. WEISS, *agrégé.* } *Professeurs.*

*Le Candidat répondra, en outre, aux questions qui lui seront faites sur les
autres matières de l'enseignement.*

PARIS

A. GIARD et E. BRIÈRE | IMPRIMERIE DES ÉCOLES
LIBRAIRES-ÉDITEURS | HENRI JOUVE
16, Rue Soufflot, 16 | 15, Rue Racine, 15

1893

FACULTÉ DE DROIT DE PARIS

DROIT ROMAIN

DE LA GARANTIE POUR ÉVICTION
EN MATIÈRE DE VENTE

DROIT FRANÇAIS

DE LA COMPÉTENCE DES TRIBUNAUX FRANÇAIS
A L'ÉGARD DES ÉTRANGERS
EN MATIÈRES CIVILE ET COMMERCIALE

THÈSE POUR LE DOCTORAT

PRÉSENTÉE ET SOUTENUE

le Samedi 3 Juin 1893, à 1 heure

PAR

Gaston FARNIÉ

AVOCAT A LA COUR D'APPEL

Président : M. BUFNOIR, *professeur.*

Suffragants : MM. LABBÉ.
CHAVEGRIN.
WEISS, *agrégé.*
} *Professeurs.*

Le Candidat répondra, en outre, aux questions qui lui seront faites sur les autres matières de l'enseignement.

PARIS

A. GIARD et E. BRIÈRE
LIBRAIRES-ÉDITEURS
16, Rue Soufflot, 16

IMPRIMERIE DES ÉCOLES
HENRI JOUVE
15, Rue Racine, 15

1893

DROIT ROMAIN

DE LA GARANTIE POUR ÉVICTION

EN MATIÈRE DE VENTE

INTRODUCTION

**Notions générales sur les obligations du vendeur
et notamment l'obligation de garantie.
Division logique du sujet.**

On sait que la principale différence qui sépare le droit
romain et le droit francais, au point de vue des effets
de la vente, est relative au transfert de la propriété de
l'objet vendu. Dans notre droit ce transfert s'opère
hic et nunc par l'effet de la convention ; à Rome, au
contraire, l'acheteur ne peut acquérir la propriété que
par l'effet d'un acte postérieur, tel qu'une mancipation ou une tradition. C'est là un des plus frappants

exemples du caractère formaliste et subtil, mais aussi rigoureusement logique du droit romain ; la propriété ne s'acquiert que par certains modes limitativement déterminés. D'autre part, les contrats sont impuissants par eux-mêmes à produire autre chose que des obligations ; et quand bien même le but poursuivi en définitive par les parties, consisterait à faire passer la propriété d'un objet, de la tête de l'une sur la tête de l'autre, ce but ne saurait être atteint par le seul concours de leurs volontés.

La vente n'engendre donc que des obligations ; examinons les obligations du vendeur.

Il semblerait résulter de nos explications précédentes que le vendeur, s'il ne peut transférer à l'acheteur la propriété, s'oblige au moins à le rendre propriétaire. Cette formule serait inexacte. Nous trouvons le contraire établi formellement dans les textes et notamment dans le suivant (1) : *Qui vendidit necesse non habet undum emptoris facere ; ut cogitur qui fundum stipulandi spopondit.* Il existe donc une différence capitale entre la vente et la *stipulatio dandi.* Celui qui a promis de *dare*, c'est-à-dire de transférer la propriété d'un objet, est obligé d'accomplir ce qu'il a promis ; le vendeur, au contraire, ne contracte aucune obligation semblable.

Tel est le principe, mais il n'a pas toute la portée qu'il paraît avoir au premier abord. Nous verrons en effet bientôt que le vendeur contracte l'obligation de

(1) L. 25, § 1, D. 18,1.

ne pas commettre de dol et que dans la plupart des cas, cette obligation se trouve violée, lorsque le vendeur ne transfère pas la propriété à l'acheteur.

Précisons maintenant avec exactitude les obligations du vendeur. Un texte célèbre de Paul (1) va nous le permettre. Le vendeur, dit le jurisconsulte, s'oblige à *possessionem tradere, ob evictionem se obligare et purgari dolo malo.* Livrer la possession de la chose, garantir l'acheteur contre l'éviction, s'abstenir de tout dol, tels sont donc, au témoignage de Paul, les engagements que prend le vendeur.

Reprenons l'un après l'autre ces trois engagements ; le vendeur doit, en premier lieu, livrer, non pas la propriété, mais la possession de la chose. Cette possession, d'ailleurs, n'est point une simple détention matérielle, mais une possession paisible et à titre de propriétaire, une possession que les textes (2) qualifient de *vacua possessio.* Le vendeur s'oblige, suivant l'expression d'Africain (3) à procurer à l'acheteur la jouissance complète et libre de la chose, *præstare rem habere licere.* Mais tout ce que le vendeur promet c'est que cette possession ne sera pas troublée. La vente de la chose d'autrui n'est donc pas nulle par elle-même (4). Alors même que l'acheteur, apprenant que le vendeur n'était pas propriétaire, aurait de justes sujets de craindre une revendication intentée par le

(1) L. 1, pr. Dig. 19.4.
(2) Loi 2 § 1 ; L. 3, pr.; L. 11 § 13, D. 19,1.
(3) Loi 30 § 1, D. 19,1.
(4) Loi 3, C. 8,44.

véritable propriétaire, la simple menace de cette revendication ne suffirait pas à justifier,. de la part de l'acheteur, un recours en garantie contre son vendeur. Il devrait attendre, pour exercer ce recours, d'être effectivement troublé dans sa possession par le véritable propriétaire intentant la revendication. En droit français, au contraire, le recours en garantie peut être légitimement exercé par l'acheteur, dès qu'il apprend que le vendeur n'avait pas la propriété, et sans qu'il soit obligé d'attendre la revendication du véritable propriétaire.

La règle romaine souffre d'ailleurs plusieurs exceptions que nous allons examiner dans un instant et qui résultent de l'obligation prise par le vendeur de ne pas commettre de dol. Sans nous appesantir davantage sur l'obligation de livrer et sur ses effets, indiquons seulement que l'on y rattache généralement une obligation secondaire qui incombe au vendeur : celle de garder la chose jusqu'à la livraison (1). A l'étude de cette obligation de garder la chose se rattache toute la question des risques, dont l'examen nous entraînerait en dehors du cadre que nous nous sommes tracé.

Le vendeur, avons-nous dit, promet la *vacua possessio*, la jouissance libre et utile, et c'est ainsi que la seconde obligation dont parle Paul, celle de garantie, se trouve en quelque sorte contenue dans l'obligation de livrer. La garantie, c'est une assistance et un concours que le vendeur prête à l'acheteur menacé de

(1) Loi 36, Dig. 19,1,

perdre la jouissance de la chose. Les jurisconsultes désignaient primitivement cette aide sous le nom d'*auctoritas*, qui fut appliqué plus tard à l'obligation même qui incombait au vendeur de fournir son concours à l'acheteur. La garantie oblige d'abord le vendeur à ne pas troubler lui-même l'acheteur dans sa possession paisible ; cela va de soi ; puisque le vendeur doit défendre l'acheteur contre les attaques des tiers, *a fortiori* doit-il s'abstenir lui-même des empiètements dont il aurait à garantir l'acheteur, s'ils étaient commis par d'autres personnes. Aussi l'acheteur, troublé dans sa possession par une attaque du vendeur ou de ses ayants cause, peut-il leur opposer l'exception de garantie, dont le principe se trouve formulé dans le brocard suivant : *Quem de evictione tenet actio, eumdem agentem repellit exceptio*, « qui doit garantir ne peut évincer. » Nous aurons l'occasion de développer plus tard ce point. Mais le principal effet de la garantie consiste à obliger le vendeur à protéger l'acheteur contre les entreprises des tiers.

La garantie suppose une éviction, mot dont nous aurons à préciser le sens. Indiquons cependant dès à présent que l'éviction prive l'acheteur de la chose entière ou d'une partie de la chose.

La garantie de l'éviction n'est pas la seule garantie qui s'impose au vendeur. Il doit encore garantie à raison des défauts cachés de la chose vendue qui en détruisent ou tout au moins en diminuent sensiblement la valeur. Cette garantie n'existait primitivement que dans les cas où le vendeur avait déclaré formellement que l'objet possédait telles qualités ou était exempt de tels défauts. L'absence des qualités promises ou l'existence des défauts, dont l'absence avait été affirmée, soumettaient seules le vendeur au recours de l'acheteur. Plus tard la responsabilité du vendeur fut étendue par la jurisprudence à tous les défauts que le vendeur avait connus, mais non déclarés, même sans avoir fait une déclaration mensongère en sens contraire. Enfin intervint l'Edit des édiles curules qui augmenta dans une large mesure les obligations du vendeur. Sans entrer dans le détail, disons seulement que, d'après cet Edit, le vendeur est tenu de déclarer tous les vices qui diminuent la valeur de la chose, et qu'il doit promettre une indemnité de tous les vices connus ou non de lui, qu'il ne déclare pas (1). Deux actions sanctionnent cette obligation ; l'action *redhibitoria* et l'action *quanti minoris*. Elles permettent à l'acheteur, la première de faire résoudre le contrat, la seconde d'obtenir une réduction de prix proportionnelle à l'importance du vice. Indépendamment de cette différence dans les résultats, les deux actions diffèrent aussi, quant à leur durée et quant aux conditions dans lesquelles elles s'exercent (2).

Il nous reste, pour donner un aperçu général des obligations du vendeur, à dire quelques mots de la troisième obligation existant à sa charge, celle de ne pas commettre de dol. Cette obligation se retrouve dans tous les contrats de bonne foi. mais présente en matière

(1) L. 1, § 8, loi 28, Dig. 21,1.
(2) Lois 21, pr. 43 § 6, 19 § 6, 31 § 16, Dig. 21,1.

de vente un intérèt tout particulier, parce qu'elle vient restreindre d'une façon considérable la portée des principes qui forment la base de ce contrat. C'est ainsi que la vente nè transfère pas la propriété à l'acheteur et n'oblige même pas le vendeur à la lui transférer. Cependant si la chose vendue appartient au vendeur, il est obligé, sous peine de commettre un dol, d'accomplir, en faisant la tradition de la chose, les formalités nécessaires au transfert de la propriété. Si la chose est une *res mancipi*, la tradition doit être accompagnée d'une *mancipatio* ou d'une *cessio in jure* (1). La bonne foi s'oppose en effet à ce que le vendeur se contente d'une simple tradition, qui ne donnerait à l'acheteur qu'un droit de propriété incomplet, la propriété bonitaire, et laisserait subsister sur la tête du vendeur un *nudum dominium* sans aucune utilité pratique.

De même la vente de la chose d'autrui est valable en principe, et l'acheteur, apprenant que le vendeur n'était pas propriétaire, doit attendre d'être troublé pour exercer le recours en garantie. Ici encore l'obligation de ne pas commettre de dol vient diminuer la sphère d'application de ce principe. Lorsque le vendeur a été de mauvaise foi, lorsqu'il a su, en contractant, qu'il n'était pas propriétaire et que l'acheteur a ignoré cette circonstance, le vendeur a commis un dol et l'acheteur peut immédiatement se retournèr contre lui en vertu de l'action *ex empto* (2).

(1) Paul I, 13° § 4; Gaius IV, § 131.
(2) Loi 30 § 1, Dig. 19, 1.

L'application du principe romain qui déclare valable la vente de la chose d'autrui, se réduit donc à l'hypothèse où le vendeur de bonne foi, se croyant propriétaire, a vendu une chose appartenant à autrui ; et la conséquence pratique du principe, c'est que l'acheteur découvrant la vérité, ne peut exercer de recours en garantie tant qu'il n'est pas effectivement troublé dans sa possession.

L'obligation de ne pas commettre de dol est intéressante à d'autres points de vue, que nous n'avons pas le loisir d'examiner, pas plus qu'il ne nous a été possible de nous étendre sur l'obligation de livrer et sur la garantie des vices rédhibitoires. L'objet spécial de notre travail est l'édude de la garantie en cas d'éviction ; mais nous avons tenu à présenter quelques observations générales et préliminaires sur les obligations du vendeur, et en particulier à préciser le rôle tout spécial que jouait, dans le contrat de vente, l'obligation de ne pas commettre de dol.

Nous allons donc concentrer désormais nos efforts sur l'obligation de garantie en cas d'éviction.

Voici le plan que nous avons cru devoir adopter.

Dans un premier chapitre, nous étudierons les sources, la nature, et l'étendue de l'obligation de garantie. Nous définirons d'abord l'éviction et indiquerons les conditions nécessaires à son existence. Puis nous examinerons les moyens que les Romains ont successivement imaginés pour prémunir l'acheteur contre le danger d'éviction. Nous aurons à nous demander à propos de la nature de l'obligation de garantie, si cette obligation est divisible ou indivisible. Enfin, nous en fixerons l'étendue normale, et préciserons successivement l'effet des clauses extensives et des clauses restrictives de l'obligation de garantie.

Un second chapitre comprendra les effets de l'obligation de garantie ou l'exercice des actions en garantie. En premier lieu quelles personnes peuvent recourir en garantie ? Contre qui elles peuvent exercer leur action ? Pendant combien de temps ? Quelles sont les voies de recours ouvertes aux ayants droit ? A ce propos nous distinguerons dans leurs effets et dans leurs conditions d'exercice, les deux actions *ex empto* et *ex stipulatu*. Ce chapitre se terminera par l'exception de garantie.

Dans un troisième et dernier chapitre, nous étudierons les causes d'extinction de l'obligation de garantie.

CHAPITRE PREMIER

Sources de l'obligation de garantie; de sa nature et de son étendue

---

SECTION I

Théorie de l'Eviction. Définition. Conditions indispensables à son existence.

« Evincer, dit M. Ortolan (1), c'est enlever par une victoire judiciaire, et en vertu d'un droit préexistant, une chose à celui qui la possédait par une juste cause d'acquisition. »

Le mot « éviction » éveille donc l'idée d'un triomphe remporté sur la personne évincée dans une lutte judiciaire. Tel est le sens étymologique et naturel du mot eviction, mais nous verrons plus loin que l'expression a été étendue à certaines hypothèses où le recours en garantie était ouvert à l'acheteur, sans qu'il ait été dépossédé de la chose par un jugement. Mais nous

---

(1) *Institutes*, t. II, n° 1462.

pouvons dire, en principe et d'une façon générale, que
l'éviction ne produit pas l'effet d'un jugement rendu
contre l'acheteur et venant le dépouiller de la jouissance de la chose.

Quelles sont exactement les conditions nécessaires
pour qu'il y ait éviction? L'éviction est qualifiée par
les textes *rei emptæ ablatio per judicem jure facta*.
Cette formule met nettement en relief trois conditions,
il faut :

1° Qu'il y ait privation de la chose ;

2° Qu'un jugement soit prononcé ;

3° Que ce jugement soit rendu légalement.

Reprenons successivement chacune de ces conditions :

1° L'acheteur peut être privé de la chose dans trois
hypothèses indiquées dans un texte de Pomponius (1)
ainsi conçu : *Duplæ stipulatio committi dicitur
tunc quum res restituta est petitori, vel damnatus
litis æstimatione, vel possessor ab emptore conventus
absolutus est*. En premier lieu l'acheteur a été condamné à restituer la chose au demandeur qui a intenté
contre lui l'action en revendication ou l'une des nombreuses actions qui ont pour but d'enlever au défendeur la possession en vertu d'un droit de propriété
appartenant au demandeur. Citons à cet égard l'action
communi dividundo familiæ erciscundæ et l'action
hypothécaire. De même il peut arriver que l'éviction
résulte d'une *restitutio in integrum*, obtenue par
exemple par un mineur de vingt-cinq ans qui a vendu

(1) Loi 16, § 2, Dig. 21,2.

lui-même la chose au vendeur. L'acheteur évincé a un recours contre ce dernier, mais comme la tradition qu'il lui a faite était valable en elle-même et que de plus la cause d'éviction, c'est-à-dire la *restitutio*, ne s'est produite que postérieurement à la vente, l'acheteur n'a qu'une action utile accordée par le préteur (1).

A côté de cette première hypothèse, le jurisconsulte en place une seconde extrêmement voisine. Il est possible, en effet, que tout en succombant, l'acheteur ne soit pas privé de la possession effective de la chose; si l'action intentée contre lui est arbitraire, comme par exemple la *rei vindicatio*, le juge fixe à l'avance une somme appelée *litis æstimatio* que l'acheteur défendeur sera obligé de payer à défaut de restitution. Si l'acheteur paye cette somme et conserve l'objet il n'en est pas moins victime d'une éviction, puisqu'il est obligé en quelque sorte d'acheter de nouveau l'objet. Il peut donc recourir en garantie contre son vendeur (2).

Enfin l'acheteur a succombé dans un procès où il jouait le rôle de demandeur et intentait une action contre un tiers possesseur. C'est là encore une éviction qui autorise le recours en garantie.

Une règle générale s'applique aux trois hypothèses : l'éviction n'est réellement accomplie et le recours en garantie n'est possible qu'après l'exécution de la sentence du juge. Jusque-là le vendeur n'a point manqué à son obligation, *habere rem licere*. Gaius dit à ce

(1) Lois 39 et 66 § 1, D. 21,2.
(2) L. 21 § 2, D. 21,2.

propos (1) que si le propriétaire qui a triomphé contre
l'acheteur meurt sans héritiers avant l'exécution du
jugement et sans que le fise ou ses créanciers réclament
cette exécution, l'acheteur ne peut recourir en garantie,
tout au moins par l'action *ex stipulatu*. L'éviction n'a
donc pas lieu au sens propre du mot. Le vendeur évite
encore le recours en garantie lorsqu'il se présente sur
l'appel de l'acheteur pour défendre ses droits et paye
la *litis œstimatio*. En effet, l'acheteur conserve alors
la chose et comme il n'a pas été obligé de la payer de
nouveau, il n'a rien à réclamer (2). L'éviction n'est
même réputée accomplie que lorsque la condamnation
de l'acheteur est définitive. S'il lui reste une voie de
recours, par exemple la publicienne, l'éviction n'est pas
consommée.

Enfin la privation de la chose doit être totale ; la
perte d'une partie de la chose ou de ses accessoires ne
constitue pas une éviction véritable. Mais il importe à
cet égard de faire une observation qui s'applique d'ailleurs à l'ensemble des explications que nous avons données jusqu'ici sur les conditions nécessaires à l'exercice
de l'éviction. Nous verrons plus loin que deux actions
sont ouvertes à l'acheteur pour exercer le recours en
garantie ; l'action *ex stipulatu* et l'action *ex emplo*.
Le recours en garantie proprement dit est celui qui
s'exerce par l'action *ex stipulatu*, de même que l'éviction proprement dite est celle qui résulte d'une défaite

(1) L. 57, pr. D. 21,2.
(2) L. 21 § 2, D. 21,2.

en justice. Mais l'action *ex empto* n'exige point des conditions aussi rigoureuses que l'action *ex stipulatu*. Qu'il soit donc bien entendu que dans l'étude que nous faisons actuellement de l'éviction, nous envisageons uniquement le recours par l'action *ex stipulatu*, sauf à comparer plus tard les deux actions *ex empto* et *ex stipulatu*, et à montrer combien la sphère d'application de la première est plus large que celle de la seconde.

2° Toute privation de la chose ne constitue pas une éviction. Il faut qu'elle soit la conséquence d'un jugement. Un compromis consenti par l'acheteur ne saurait être assimilé à un jugement, car l'acheteur était libre de ne pas le consentir. Il s'est laissé volontairement ment déposséder (1). De même, il ne suffit pas que l'objet ait été enlevé à l'acheteur pendant l'instance, mais par suite d'un fait qui est étranger à l'instance elle-même. On trouve dans les textes des applications intéressantes de cette idée. Si, par exemple, l'esclave vendu et revendiqué contre l'acheteur meurt ou s'enfuit pendant le cours du procès, cette mort ou cette fuite fait bien perdre à l'acheteur la possession de l'esclave, mais ne constitue pas une éviction (2).

C'est là un cas de force majeure. Il y a lieu de décider d'une façon générale que la perte de la chose, survenue par cas fortuit ou de force majeure, n'autorise pas l'acheteur à recourir en garantie, quand bien même il serait en mesure d'établir que l'objet n'appartenait

---

(1) L. 56 § 1, D. 21,2 ; L. 19, § 3, D. 3,5
(2) L. 21, pr. et § 3, D. 21,2.

pas au vendeur et que l'éviction devait fatalement se produire. Aucune difficulté n'existe pour appliquer cette règle tant qu'une instance n'est pas encore engagée, ou tout au moins que les éléments du procès ne sont pas encore fixés par la *litis contestatio*. Mais si la *litis contestatio* est intervenue, la solution reste-t-elle la même ? Le contraire semble résulter de plusieurs textes (1) et se justifie d'ailleurs parfaitement. Sans doute le recours en garantie suppose une éviction, c'est-à-dire une défaite judiciaire et aucune éviction n'est plus possible après la perte de la chose ; mais précisément le juge devant se placer à l'époque de la *litis contestatio* pour apprécier la cause, l'objet qui a péri postérieurement continue à subsister fictivement dans les rapports des parties. L'acheteur perd donc la possession en vertu du jugement que le juge doit rendre contre lui en dépit de la perte de l'objet, et par conséquent le recours en garantie est possible.

Lorsque la chose vendue périt par la faute de l'acheteur ou qu'il en abandonne volontairement la propriété, il n'y a aucune éviction et par conséquent point de recours en garantie. On peut citer le cas où l'acheteur affranchit l'esclave vendu (2), abandonne l'objet *pro derelicto* (3), le cas où le fond vendu devient *locus religiosus* par suite d'un événement que l'acheteur a laissé s'accomplir. L'application du même principe est

(1) L. 16, D. 6,1 ; L. 11, D. 46,7.
(2) L. 25, D. 21,2.
(3) L. 76, D. 21,2.

F

2

faite par les textes (1) à propos d'une femme qui s'est constitué en dot un bien qui lui a été vendu par un tiers, mais qui, en réalité, appartient au mari. Ce dernier ne doit rien restituer à la femme puisqu'elle ne lui a rien apporté, mais la femme ayant livré volontairement l'objet au mari, ne peut soutenir qu'elle a été évincée, et par conséquent l'action *ex stipulatu* ne lui est pas accordée. Elle pourra seulement recourir par l'action *ex empto.*

3° Nous venons de voir que l'éviction devait résulter d'un jugement. Cette condition en renferme implicitement une autre : il faut que le jugement ait été rendu légalement. Cela ne s'entend pas seulement en ce sens que le jugement doit être rendu par un juge compétent et dans les formes voulues. Il faut encore qu'il soit conforme au droit.

Si donc l'acheteur ne succombe que par suite de l'injustice ou de l'ignorance du juge, il ne peut recourir en garantie contre le vendeur (2). Cette décision est logique. Le vendeur, en effet, n'a rien à se reprocher ; les droits qu'il a transmis à l'acheteur auraient dû faire triompher ce dernier. Pourquoi le vendeur supporterait-il dans ces conditions les conséquences d'un jugement mal rendu ? D'ailleurs si le jugement a été arraché au juge à prix d'argent, il est nul et l'acheteur conserve la possession de l'objet. La preuve de l'erreur du juge sera facile à faire ; il suffira de mon-

(1) L. 24, D. 21,2.
(2) L. 51, pr. D. 21,2 ; L. 15, C. 8,35 ; Frag. vat. § 10.

trer qu'il a violé un principe de droit, sans qu'il soit nécessaire de rechercher la cause de l'erreur, si elle provient de l'ignorance ou de la partialité, puisque la conséquence reste identique et que, dans tous les cas, le recours en garantie est fermé à l'acheteur.

Donc l'éviction doit avoir pour cause le défaut de droit du vendeur. Faut-il en conclure que la cause de l'éviction doive être nécessairement antérieure à la vente? Quelques textes (1) semblent le décider au premier abord, mais ils sont relatifs, non à la question de garantie, mais à la question des risques. Et, en effet, les risques de la perte survenue après la conclusion du contrat incombent à l'acheteur, en ce sens que le vendeur peut quand même exiger le prix. Mais au point de vue de la garantie nous croyons, avec M. Accarias (2), que le vendeur n'est pas nécessairement exonéré de la garantie par cela seul que la cause d'éviction est postérieure à la vente. M. Accarias cite l'exemple d'un vendeur qui vend successivement le fonds à deux personnes, et livre l'objet d'abord au second acheteur, puis au premier. La tradition faite au second acheteur, lui a, on le suppose, transféré la propriété. Le premier succombera donc dans l'action en revendication intentée par le second. Il n'y aurait aucune raison en pareil cas pour lui refuser le recours en garanties et pourtant la cause de son éviction est survenue postérieurement à la vente qui lui a été consentie.

(1) L. 11, D. 21,2; L. 1, C. 4,48.
(2) Accarias. *Précis*, t. II, 3ᵉ éd., n° 607, note 2.

Nous pouvons dire, en résumant nos précédentes explications, qu'il n'y a pas éviction proprement dite. lorsque l'acheteur n'a perdu la chose que par sa propre faute ou par suite de l'erreur du juge.

Ce principe souffre une exception lorsque l'acheteur a été évincé par ceux-la mêmes qui lui devaient garantie. Ainsi une personne a vendu le fonds appartenant à une autre personne dont elle devient ensuite l'héritière. En cette qualité d'héritier du véritable propriétaire, le vendeur revendique le fonds contre l'acheteur. Celui-ci peut se laisser condamner, sauf à se retourner ensuite contre le vendeur en vertu de l'obligation de garantie. Il peut aussi, s'il le préfère, opposer l'exception dont nous avons dit déjà quelques mots, l'exception de garantie. S'il oppose cette exception et succombe par suite de l'erreur du juge, tout recours ultérieur par l'action de garantie devrait lui être refusé. Les textes (1) décident le contraire parce que le vendeur a commis un dol.

Nous connaissons maintenant dans ses détails la théorie de l'éviction et les conditions qu'elle doit réunir pour donner ouverture à l'action en garantie. Nous pouvons aborder l'étude de l'obligation de garantie elle-même.

(1) L. 50 § 1, D. 30,1.

Section II

Nature de l'obligation de garantie

§ 1. --- Historique des moyens que les Romains avaient pris
pour obvier à l'éviction.

M. Girard, dans une remarquable étude (1), a parfaitement montré l'évolution suivie par le droit romain
sur la matière intéressante de la garantie dans la
vente.

La vente du droit classique, qui ne transfère pas la
propriété et ne crée que des obligations, a été précédé,
à l'origine, d'une vente toute différente qui, à l'inverse, avait comme seul effet de transférer la propriété sans créer aucune obligation. Cette vente s'opérait par une *mancipatio*, acte solennel, dans lequel
le vendeur échangeait un objet contre un certain poids
de métal. La pesée du métal, qui n'est dans la *mancipatio* du droit classique qu'une opération symbolique
et fictive, était, dans la vente primitive, une réalité.
Le métal pesé constituait le prix de vente. Mais, le
prix étant payé comptant et l'objet livré, le but poursuivi par les parties était immédiatement atteint et
aucune obligation ne prenait naissance à la charge de
l'une ou de l'autre.

(1) *L'action auctoritatis.* Nouv. Rev. Hist., 82, p. 180 et s.

Cependant cette formule serait trop absolue. Bien que la délivrance s'opérât et que la propriété fût transférée en même temps que le contrat était conclu, l'acheteur n'était pas à l'abri de l'éviction. Si le vendeur n'était pas propriétaire, il n'avait pu transférer la propriété d'un objet qui ne lui appartenait pas.

Quel était le moyen employé pour garantir l'acheteur contre ce danger ? Un texte de Paul (1) nous apprend que, de son temps, lorsque la vente avait été suivie de *mancipatio*, et que l'éviction venait à se produire, le vendeur était tenu au double en vertu de l'*actio auctoritatis : auctoritatis venditor duplo tenus obligatur*. Nous verrons plus loin que dans les ventes suivies de tradition, le vendeur, en cas d'éviction, est tenu également au double en vertu d'une promesse qui dût d'abord être expresse et fut ensuite sousentendue. Quand la mancipation est intervenue pour exécuter la vente, cette obligation du double résulte de la mancipation elle-même.

Les mots *auctor* et *auctoritas* présentent plusieurs acceptions différentes. Ils éveillent, suivant le sens étymologique, une idée d'augmentation, de complément. Spécialement, en matière de vente et de garantie, le mot *auctor* désigne le vendeur qui vient prêter son assistance à l'acheteur actionné en revendication ; l'expression *auctoritas* désigne cette assistance elle-même. Cette *auctoritas* était obligatoire dans toute *mancipatio ;* il n'était pas besoin que le vendeur la

(1) *Sentences*, II, 17, § 1 et 2.

promit par une stipulation formelle. Plus tard, le mot *auctoritas* signifia l'obligation de fournir cette assistance ; mais à l'origine il désignait l'assistance même, et l'*actio auctoritatis* était une action par laquelle l'acheteur la réclamait. Lorsqu'un tiers intentait contre l'acheteur une action en revendication, le vendeur, celui qui avait mancipé l'objet, intervenait pour fournir son *auctoritas*. Si l'*auctoritas* n'avait pas été utilement obtenue par l'acquéreur, il intentait contre l'aliénateur l'action *auctoritatis*.

Le mécanisme de l'*auctoritas* suppose donc deux procédures successives. Dans la première, un tiers intente la revendication contre l'acquéreur, qui demande à l'auteur d'intervenir. Cette intervention du vendeur, suivant M. Girard (*op. cit.*, p. 188) n'avait pas pour effet de faire disparaître l'acheteur du procès et pouvait être sollicitée par lui dans des formes quelconques. Mais elle était obligatoire pour le vendeur dans certaines conditions et s'il ne la fournissait pas, il s'exposait à voir prononcer contre lui une condamnation au double en vertu de l'*actio auctoritatis*.

Nous avons dit que cette obligation de fournir l'*auctoritas* sous peine d'encourir une condamnation au double, existait nécessairement par le seul fait de la mancipation. Telle est, en effet, l'opinion de M. Girard et de plusieurs auteurs.

Mais beaucoup d'autres soutiennent qu'il fallait (1),

---

(1) V. *Dict. des Antiq. grecques et romaines*, n° Eviction ; Girard, *op. cit.*, p. 191 et s. ; Rein. Rivatrecht., p. 704 et s. ; Contra Labbé *De la Garantie*, p. 7 ; Maynz., t. II, p. 212.

pour produire ce résultat, joindre à la *mancipatio*, une *nuncupatio*, c'est-à-dire, une clause spéciale en ce sens.

Il n'entre pas dans le cadre de ce travail d'exposer complètement cette controverse intéressante. Qu'il nous suffise de dire que le système de M. Girard se recommande surtout du texte de Paul, dont nous avons cité plus haut une partie et qui, mentionnant toutes les conditions indispensables à l'existence de l'obligation au double, est absolument muet sur la nécessité d'une *nuncupatio*. En outre Varron, dans son traité *de Re rustica*, indiquant aux agriculteurs les clauses que l'on insère habituellement dans les ventes, dit que, s'il n'est pas intervenu de mancipation, il faut faire promettre le double au vendeur. C'est dire par là même que la mancipation, à elle seule, produit le même résultat qu'une promesse du double.

Enfin certains textes nous montrent que l'on devait employer des expédients pour échapper à cette conséquence forcée de la mancipation. C'est ainsi que l'on mancipait pour un prix fictif et dérisoire, *nummo uno*, de façon à ce que le vendeur manquant à son obligation de fournir assistance, n'eût à payer que le double de ce prix et par conséquent une somme minime.

Donc l'obligation d'intervenir au procès résultait de la mancipation même ; celui qui avait fait mancipation était tenu de protéger ainsi son acquéreur contre toutes les revendications intentées par des tiers, et cela jusqu'à l'expiration des délais de l'usucapion ; car après l'accomplissement de l'usucapion à son profit, l'acheteur pouvait repousser victorieusement la revendication du tiers et n'avait plus besoin du concours du vendeur.

La seconde procédure comprend l'instance engagée par l'acheteur contre le vendeur qui n'a pas fourni utilement *l'auctoritas*, soit qu'il n'ait pas paru au procès, qu'il y soit intervenu en refusant l'*auctoritas*, ou bien enfin qu'il n'ait pu empêcher l'éviction. L'obligation n'ayant pas été remplie, ce défaut d'exécution est sanctionné par l'*actio auctoritatis*.

Cette action s'intentait dans la forme ordinaire des actions de la loi ; elle avait pour objet le double du prix. Quant au prix lui-même, il était probablement indiqué par l'acquéreur au cours de la mancipation même. La condamnation s'élevait, disons-nous, au double du prix. Nous rencontrons sur ce point une controverse analogue à celle que nous venons de signaler plus haut. M. Huschke soutient en effet que la condamnation au double était encourue seulement au cas d'*infitiatio*, c'est-à-dire, de dénégation de sa dette par le vendeur. M. Girard (*op. cit.*, p. 205 et s.) réfute victorieusement ce système, en invoquant notamment cette considération très puissante que Paul, dans un passage (1) où il énumère toutes les hypothèses où *lis infitiando crescit in duplum* et faisant à cet égard une théorie générale, est muet sur l'*actio auctoritatis*.

Tel est le fonctionnement de l'*actio auctoritatis* ; mais quel en est le fondement juridique ?

(1) *Sent.* I, 19. § 1.

Un grand nombre de systèmes ont été présentés à cet égard. Ils peuvent se ranger en deux groupes : les uns considèrent l'obligation au double comme résultant d'une convention ; les autres la considèrent comme une peine encourue à la suite d'un délit. Parmi les auteurs qui rattachent l'obligation à l'idée de convention, certains voudraient y voir une application du *nexum*, vieux contrat où l'emploi solennel de la balance et du métal servait à créer des obligations. La mancipation, forme particulière du *nexum*, a pour effet de transférer la propriété, tandis que le *nexum* proprement dit n'engendre que des obligations. Mais l'on entend ici le *nexum* dans son sens général qui embrasse à la fois la mancipation et le *nexum stricto sensu*. Il produisait donc en même temps le transfert de la propriété par l'effet de la mancipation si le vendeur était propriétaire, et l'obligation de fournir l'*auctoritas* et de payer le double en cas d'éviction.

Cette explication, comme d'ailleurs toutes celles qui font dériver l'obligation au double d'une convention, a l'inconvénient de méconnaître un vieux principe romain, celui de la simplicité des actes juridiques. Selon M. de Ihering (1), un même acte ne peut avoir un double objet ; il ne peut à la fois transférer la propriété et créer des obligations. De plus on ne comprend pas, si l'obligation se rattache à une convention, que le vendeur doive toujours invariablement le double.

Ces deux objections ne se présentent plus si l'on

_____

(1) *Esprit du droit romain*, t. IV, p. 176.

considère, à l'exemple de M. Girard (*op. cit.*, p. 212 et s.) l'obligation au double comme la peine d'un délit commis par le vendeur. Il semble que dans cette opinion l'action *auctoritatis* ne puisse être intentée contre les héritiers de celui qui a mancipé la chose ; mais aucun texte ne vient affirmer ce point, et l'on peut dire que le délit consiste moins à manciper une chose appartenant à autrui qu'à ne pas défendre l'acquéreur poursuivi par l'action en revendication. Ce délit est commis aussi bien par ses héritiers que par le mancipant lui-même, et par conséquent, l'action *auctoritatis* quoique pénale, est valablement intentée contre eux. Au surplus, quand bien même l'action serait intransmissible, l'inconvénient n'aurait pas été très grand pour l'acheteur en raison de la brièveté des délais de l'usucapion, dont l'accomplissement met l'acheteur à l'abri de l'éviction et rend par conséquent inutile le recours en garantie.

Aussi l'action *auctoritatis*, que nous venons d'étudier dans ses grandes lignes, était, dans le droit primitif, à l'époque où le contrat de vente ne se distinguait pas de la mancipation qui l'accompagnait, le moyen par lequel l'acheteur était prémuni contre le danger d'éviction. L'action *auctoritatis* subsiste d'ailleurs postérieurement, et Paul, dont nous avons cité les passages relatifs à cette action, nous la montre fonctionnant à une époque où la mancipation a perdu son caractère réel pour devenir une *imaginaria venditio* et où la vente peut s'exécuter indépendamment d'une mancipation même fictive.

Telle était la conception primitive de la garantie en droit romain. Elle présentait de graves inconvénients (1). Aucune garantie n'existait lorsque la vente n'était pas accompagné de mancipation, soit que les parties aient négligé de recourir à cette formalité, soit qu'il se soit agi de la vente d'une *res nec mancipi*. Certains auteurs prétendent, il est vrai, que la mancipation peut s'appliquer à des choses *nec mancipi ;* mais, quelle que soit l'opinion que l'on professe sur ce point, il est certain que l'action *auctoritatis* était accordée seulement à l'acheteur d'une *res mancipi*. De plus, même lorsqu'une mancipation était intervenue à propos d'une *res mancipi*, l'action *auctoritatis* n'obligeait que le vendeur lui-même et ne protégeait pas l'acheteur contre le danger d'insolvabilité du vendeur. Pour ajouter à l'engagement de ce dernier celui d'un tiers répondant pour lui, ou bien pour obliger le vendeur lui-même en dehors des cas où l'action *auctoritatis* s'appliquait, l'acheteur devait recourir à un contrat distinct.

Trois stipulations principales ont été imaginées dans la pratique pour répondre à ces divers besoins : la *stipulatio duplæ*, la *stipulatio habere licere* et la *stipulatio secundum mancipium*, accompagnée généralement d'une *satisdatio*, c'est-à-dire de l'engagement de répondant.

L'existence distincte de la stipulation *secundum*

(1) V. Girard. *Les Stipulations de garantie*. Nouv. Rev. Hist., 83, p. 537 et s.

mancipium a été contestée. On a soutenu qu'elle se confondait avec la *stipulatio duplœ*. M. Girard (*op. cit.*, p. 547 et suiv.) a combattu cette opinion en se fondant surtout sur le rapprochement établi par les textes entre la *stipulatio secundum mancipium* et la mancipation, rapprochement qui se comprendrait difficilement s'il s'agissait, sous un autre nom, de la *stipulatio duplœ*. Cette dernière, en effet, se distingue de l'action *auctoritatis* résultant de la mancipation par ses conditions d'exercice d'abord et par ses effets: elle n'est pas toujours et nécessairement donnée au double comme l'action *auctoritatis*. Ainsi la stipulation *secundum mancipium* présentait l'avantage de remplacer l'action *auctoritatis* dans les cas où elle ne pouvait exister et, de plus, quand elle était accompagnée de *sadisdatio*, l'engagement de répondants venait se joindre à celui du vendeur.

La stipulation *rem habere licere* nous est surtout connue par les textes de Varron (1). Elle fut appliquée d'abord au cas de vente d'une chose *mancipi* sans mancipation; le vendeur, conservant la propriété quiritaire, l'acheteur lui demandant de promettre de ne pas revendiquer (2). Pour les choses *nec mancipi*, la tradition seule suffit à transférer la propriété. Mais si le vendeur n'est pas propriétaire, le transfert ne peut s'opérer. Supposons que le vendeur devienne propriétaire après l'aliénation qu'il a faite et s'avise de reven-

---

(1) Varron, *de Re rustica*, II, 2, § 6.
(2) *Sic* Maynz, II, p. 213 ; Buonamici, *Arch. Juridico*, 1882, p. 95.

diquer contre son acheteur. Celui-ci, plus tard, pouvait opposer l'exception *rei venditæ et traditæ;* mais avant l'invention de cette exception, la stipulation *rem habere licere* répondait au même but : le vendeur promettait de ne pas revendiquer. La stipulation jouait donc le rôle rempli plus tard par l'exception de garantie. Mais servait-elle également d'action de garantie ? En d'autres termes, le vendeur, qui avait promis *rem habere licere*, devait-il garantir l'acheteur contre les tiers revendiquant la chose? M. Girard (*op. cit.*, p. 564 et suiv.) enseigne l'affirmative. En effet, Varron nous présente la formule de cette action comme ayant une portée générale ; il la donne pour modèle aux acheteurs. Il se garderait bien de le faire si la stipulation ne devait avoir aucun effet au point de vue de la garantie contre l'éviction des tiers et il recommanderait l'usage d'une *stipulatio pœnæ.* Suivant d'autres auteurs, au contraire, la stipulation *habere licere* avait l'étendue que nous indiquons seulement lorsqu'elle était accompagnée d'une clause pénale.

La troisième stipulation, celle sur laquelle les textes donnent le plus de renseignements, est la *stipulatio duplæ.* C'est également celle qui se rapproche le plus de l'ancienne action *auctoritatis.* Comme cette action, elle met une peine à la charge de l'aliénateur. Mais tandis que la peine à laquelle tendait l'action *auctoritatis* était encourue par le vendeur qui ne prêtait pas son assistance à l'acheteur poursuivi par l'action en revendication, la *stipulatio duplæ* était faite dans l'éventualité de l'éviction elle-même, *si quis rem evice-rit quominus emptorem habere liceat* (1).

Tous les documents relatifs à cette stipulation la pré-·sentent comme une stipulation pénale et de ce carac-tère pénal découlent plusieurs conséquences. La stipu-lation ne produit son effet que lorsque tous les actes translatifs de propriété ont été accomplis, et que l'ache-teur ayant reçu tradition a payé son prix (2). Il faut, pour que l'acheteur puisse intenter l'action que la perte ait eu lieu *propter evictionem* (3). Toutes les fautes, même légères, commises par l'acheteur retombent sur lui. Aucun recours n'est possible si l'acheteur a négligé d'invoquer l'usucapion ou de dénoncer le trouble à son vendeur. De même l'acheteur ne peut rien récla-mer au vendeur s'il ne conserve la chose qu'en vertu d'un titre nouveau. Sans doute il se trouve avoir payé inutilement son prix ; mais la question de préjudice est indifférente. La *stipulatio duplæ* est pénale et de droit strict ; la peine n'est encourue que par l'effet d'une condition déterminée qui n'est pas réalisée lorsque l'acheteur conserve la chose à quelque titre que ce soit. Il fallait même que l'éviction fût totale, à moins que les parties n'eussent prévu le cas d'une éviction par-tielle (4).

Nous avons ainsi donné un aperçu général des trois

(1) *Tables de Transylvanie*, V. Bruns, *Fontes juris romani*, p. 2050.
(2) LL. 61, 62, D. 21,2 ; L. 11 § 2, D. 19,1.
(3) L. 21 § 1, D. 21,2.
(4) L. 56 § 2, D. 21,2. Voir pour plus de détails sur les *Stipulations de garantie*, Girard, *op. cit.*

stipulations de garantie usitées à Rome. La première, la stipulation *secundum mancipium*, se rapproche énormément de l'*actio auctoritatis;* la seconde, la stipulation *rem habere licere*, est celle qui s'en éloigne le plus. La *stipulatio duplæ* tient le milieu entre les deux autres stipulations ; elle présente avec l'action *auctoritatis*, ce caractère commun de faire encourir sous certaines conditions une peine. Mais deux différences doivent être relevées entre l'action *auctoritatis* et la *stipulatio duplæ*. D'une part la peine, en cas de *stipulatio duplæ*, n'est pas toujours et nécessairement du double malgré la formule par laquelle on désigne cette stipulation, formule qui se justifie cependant parce que la peine est en effet le plus souvent du double. D'autre part c'est le défaut d'assistance qui expose le vendeur à l'action *auctoritatis* ; au contraire la *stipulatio duplæ* ne produit son effet que si l'acheteur a subi une éviction. L'idée de prejudice intervient donc dans la *stipulatio duplæ*, mais il faut que ce préjudice résulte d'une éviction. Dans la *stipulatio rem habere licere*, le préjudice constitue la base directe de l'action.

Les trois stipulations se sont présentées l'une après l'autre dans l'ordre où nous les avons étudiées. Il est probable que la stipulation *secundum mancipium* a disparu peu à peu devant la *stpulalio duplæ* qui subordonnait la responsabilité du vendeur à une condition plus logique, celle d'une éviction se réalisant matériellement. Mais la stipulation *rem habere licere* a continué de subsister à côte de la *stipulatio duplæ*. Elles avaient chacune leur fonction distincte. Varron les place sur la même ligne. Et si le Digeste ne parle pas de la stipulation *rem habere licere*, c'est que le résultat auquel elle tendait, avait depuis longtemps été obtenu par une extension de l'*actio empti*, dérivant du contrat de vente lui-même. Nous étudierons plus loin le fonctionnement de l'action *empti*.

C'est une autre question de savoir laquelle des deux actions est supérieure. On fait valoir en faveur de la *stipulatio duplæ*, l'avantage qu'elle présentait de fixer à l'avance et d'une manière invariable, le taux de la réparation due par le vendeur. M. Girard *(op. cit.,* p. 589) voit au contraire dans cette particularité une raison de préférer la stipulation *rem habere licere*. Nous partageons pleinement cette opinion. Cette dernière stipulation proportionnait la réparation au préjudice causé, plus conforme en cela à l'actiom *empti* employée plus tard à Rome pour assurer à l'acheteur un recours contre l'éviction, plus conforme aussi à notre théorie moderne de la garantie.

Pour terminer avec cette étude historique des moyens que les Romains ont successivement employés pour obvier aux dangers de l'éviction, il nous reste à montrer les transitions par lesquelles on est arrivé à faire découler l'obligation de garantie du simple contrat de vente.

En effet, le système juridique ancien, que nous avons esquissé, ne rattache pas nécessairement la garantie au contrat de vente lui-même. *L'actio auctoritatis* suppose une mancipation et c'est la mancipation seule qui oblige le vendeur à prêter son assistance à l'acheteur.

Quant aux trois stipulations de garantie dont nous avons parlé, elles se distinguaient parfaitement du contrat de vente et n'intervenaient pas dans tous les contrats. La garantie était due, non pas en vertu du contrat, mais de la stipulation, c'est-à-dire de la promesse verbale que faisait le vendeur.

Dans le dernier état du droit, au contraire, nous voyons l'obligation de garantie prendre naissance dans le contrat lui-même et sanctionnée par l'action du contrat, l'*action empti*. Il est vrai qu'une autre action était mise au service de l'acheteur, l'action *ex stipulatu*. C'était là un souvenir de l'époque où les parties devaient nécessairement recourir à une stipulation. D'ailleurs, l'action *ex stipulatu*, comme l'action *empti*, dérivait du contrat lui-même.

Comment ce résultat fut-il obtenu? Quelles sont les phases de l'évolution suivie à cet égard par le droit romain?

Trois étapes l'ont marquée. On admit d'abord que l'acheteur pourrait toujours exiger du vendeur l'accomplissement d'un des actes donnant naissance à la garantie, c'est-à-dire une mancipation ou une stipulation. Puis la stipulation de garantie fut réputée sous-entendue. Enfin on donna à tout acheteur une action même dans les hypothèses où ni la mancipation ni la stipulation n'aurait pu intervenir (1).

On commença d'abord par permettre à l'acheteur

---

(1) Girard. *La Garantie dans la vente consensuelle*, Nouv. Rev. Hist., 84, p. 395 et s.

d'une chose *mancipi* d'exiger la mancipation. Ce droit
existait, à n'en pas douter, à l'époque classique (1),
mais il est probable qu'il fut accordé à l'acheteur beaucoup plus tôt comme une conséquence de l'obligation
de délivrance imposée au vendeur. Un texte d'Ulpien (2)
rattache en effet l'obligation de manciper à l'obligation
de livrer. L'acheteur obtient par ce moyen le bénéfice
de l'*actio auctoritatis*, qui, très probablement, ne dis-
parut qu'avec la désuétude même de la mancipation.
Cette protection était encore bien insuffisante; elle
présentait les mêmes inconvénients que l'action *auctoritatis*. On permit alors à l'acheteur d'exiger une promesse de garantie.

Le premier pas dans cette voie fut accompli par
l'édit des Ediles curules qui prescrivirent, en matière
de vente d'esclaves, une promesse du double. M. Girard (*op. cit.*, p. 402) enseigne, contrairement à la
plupart des auteurs (3), que cette promesse du double
ne s'appliquait pas aux vices de la chose vendue, mais
n'était autre que la *stipulatio duplæ* ordinaire relative
à l'éviction. Les jurisconsultes romains semblent mettre, en effet, sur la même ligne, le droit ordinaire et le
droit des Ediles à cet égard. Quoi qu'il en soit, cette
promesse du double n'était obligatoire que dans les
ventes soumises à la juridiction des Ediles curules.

Un nouveau progrès fut réalisé. Il résulte d'un grand

(1) Gaius 4,131 ; Paul, *Sent.*, I, 13,4.
(2) L. 11 § 2, D. 19,1.
(3) V. notam. Accarias. *Précis*, II, p. 469.

nombre de textes (1) que le vendeur sans distinction est obligé de *cavere de evictione*. — Cette promesse c'est, en principe, la promesse *habere licere* (2). Quant à la *stipulatio duplæ*, elle peut être exigée dans certains cas (3). Elle ne peut être demandée que dans les pays où elle est adoptée par l'usage, seulement pour les ventes volontaires et encore rien que pour les choses précieuses (4).

Quant à la sanction de l'obligation de fournir l'une ou l'autre de ces deux promesses, elle consiste en ce que le vendeur est immédiatement condamné à payer la somme qu'il aurait dû payer après l'éviction si la promesse avait été faite, c'est-à-dire, le double du prix en cas de *stipulatio duplæ*, et en cas de stipulation *habere licere*, une indemnité égale au plus grand préjudice que l'acheteur puisse éprouver par l'éviction.

C'est là une règle analogue à celle de l'*actio auctoritatis* qui produit les mêmes effets contre le vendeur qui a refusé son assistance que contre celui qui l'a fournie sans succès.

La vente étant un contrat de bonne foi ; on arriva assez facilement à réputer sous-entendue dans la vente la promesse qui aurait pu être exigée et qu'il était d'usage de fournir. Le juge de l'action *empti* aurait eu le pouvoir de condamner le vendeur à des dommages-intérêts pour n'avoir pas fourni la promesse, et

---

(1) L. 1, D. 19,3 ; L. 13 § 3, D. 12,2 ; L. 13 § 17, D. 19,1.
(2) L. 11 § 8, D. 19,1.
(3) L. 37, D. 21,2
(4) L. 6, D. 21,2 ; L. 49, D. 10,2 ; L. 37 § 1, D. 21,2.

cela même avant la réalisation de l'éviction. Rien de plus naturel qu'il puisse, en vertu de la même action *empti*, condamner le vendeur aux mêmes dommages-intérêts, alors que l'éviction s'est déjà produite. Aucun doute n'est possible pour la stipulation *rem habere licere ;* les textes (1) sont formels à cet égard ; l'obligation de garantie y est désignée par les mots *rem habere licere* qui reviennent sans cesse. La question a été discutée pour la stipulation *duplæ*, mais on admet généralement en France (2) que l'on peut réclamer son montant par l'action *empti* après l'éviction.

Ainsi se trouvait réalisé un progrès incontestable ; ainsi se trouvait appliquée l'idée si simple et si logique de rattacher l'obligation de garantie et sa sanction non pas à des actes étrangers à la vente, à une mancipation où à une promesse spéciale, mais au contrat lui-même.

L'évolution du droit ne s'arrêta même pas là. On finit par reconnaître à l'acheteur l'action en garantie dans des hypothèses où il n'était pas évincé, conservait la chose et où par conséquent les stipulations anciennes n'auraient pu lui assurer de recours. Paul cite le cas où l'acheteur d'un esclave l'aurait affranchi avant la revendication intentée contre lui par le véritable propriétaire (3). De même l'action *empti* fut accordée dans le cas où le vendeur avait vendu sciemment la

(1) L. 30 § 1,11 § 17,11 § 18.8, D. 19,1.
(2) Accarias, *Précis.* II, p. 458 ; : abbé, *Garantie*, 1866. n° 10 ; Girard, *op. cit.*, p. 432 et s.
(3) L. 43, D. 19,1.

chose d'autrui (1) et dans celui où l'acheteur gardait la chose en vertu d'un titre nouveau (2), même d'une acquisition à titre gratuit.

En résumé donc, dans le dernier état du droit romain, la mancipation a disparu, et avec elle l'action *auctoritatis*. Les stipulations de garantie ne sont plus usitées, mais le contrat de vente produit par lui-même, au point de vue de la garantie, toutes les conséquences produites par les stipulations, et même des conséquences plus étendues.

Nous aurons l'occasion d'étudier plus loin le mécanisme de l'action *empti* et de l'action *ex stipulatu* dans le dernier état du droit romain ; mais nous avons tenu, dès à présent, à retracer l'origine et le développement de la théorie de la garantie dans la vente.

§ 2. — L'Obligation de garantie est-elle indivisible ?

Pour faire bien saisir le sens de cette question prenons une espèce :

Primus a vendu un fonds à Secundus. Il meurt laissant pour héritiers Tertius et Quartus ; Quintus revendique le fonds vendu ; Secundus, actionné en revendication, appelle en garantie Tertius et Quartus ; mais Tertius seul comparaît.

Si l'obligation de garantie est divisible, Tertius ne

(1) LL. 30 § 1, 45 § 1, 11 § 18, D. 19,1.
(2) L. 29, D. 19,1 ; L. 9, D. 21,2 ; Paul, *Sent.*, II, 17, § 8.

se libère pas en faisant maintenir à Secundus la possession de la moitié du fonds ; il est tenu de lui conserver la possession du fonds tout entier. Si l'obliga-
gation est divisible, il se libère en maintenant Secundus
en possession de la moitié du fonds. Tel est le sens de
la question quand on envisage l'action de garantie.

La même question se pose à propos de l'exception
de garantie. Primus vend à Secundus un fonds dont la
propriété appartient à Tertius. Il meurt laissant Tertius pour héritier d'une partie seulement de ses
biens. Tertius, véritable propriétaire, revendique le
fonds. Mais comme il est l'héritier du vendeur, il est
tenu à la garantie, et Secundus peut lui opposer la
maxime *quem de evictione....* — C'est l'exception de
garantie. Si l'obligation de garantie est indivisible,
Secundus peut opposer cette exception pour la totalité
du fonds ; si elle est divisible, il ne le peut que pour
une partie du fonds correspondant à la portion que
Tertius recueille dans la succession de Primus.

Nous pourrions supposer à la place de l'hypothèse
où plusieurs héritiers succèdent au vendeur originaire,
celle où plusieurs personnes ont vendu le même fonds.

Mais il importe de remarquer que la question de
savoir si l'obligation de garantie est divisible ou indivisible, ne présente aucun intérêt tant que l'acquéreur
se trouve en face du vendeur originaire, s'il a vendu
seul. A son égard en effet, que l'obligation soit divisible ou indivisible, elle doit être exécutée comme si
elle était indivisible.

Plaçons-nous dans l'hypothèse où plusieurs héritiers

ont succédé au vendeur originaire, ou dans celle où plusieurs personnes ont vendu la même chose. La solution doit être la même dans les deux cas.

Les anciens auteurs français (1) enseignaient que l'obligation de garantie était indivisible en ce qui concerne l'action et divisible en ce qui concerne l'exception. En d'autres termes, pour reprendre les exemples, chacun des héritiers du vendeur originaire ou chacun des vendeurs est tenu de défendre l'acheteur contre l'éviction de toutes les parties de l'objet. Mais si la personne qui revendique l'objet est héritière pour partie de la personne tenue à la garantie, l'exception de garantie ne peut lui être opposée que jusqu'à concurrence de cette partie.

Les partisans de cette opinion prétendent la justifier en disant que l'action est indivisible parce que tout fait est indivisible de sa nature. De plus la divisibilité serait contraire à l'intention des parties ; l'acheteur a entendu acquérir l'objet pour le tout. Donc pour adopter une terminologie très usitée du temps de Dumoulin et du temps de Pothier, qui sont les principaux champions de cette théorie, l'action en garantie est à la fois indivisible *naturâ seu contractu*, et indivisible *obligatione*, c'est-à-dire que l'indivisibilité est conforme aussi bien à la nature des choses qu'au point de vue spécial sous lequel les parties ont envisagé l'objet en contractant.

---

(1) Dumoulin, *Tractatus de div. et indiv. pars.* II, n°ˢ 487 et s. ; Pothier, *Vente* ; id. Bugnet, n°ˢ 103 et 134.

Au contraire l'exception de garantie, est divisible au moins en ce qui concerne les héritiers d'un vendeur unique, parce que chaque héritier ne succède aux obligations du *de cujus* que dans la mesure de sa part héréditaire. L'obligation de livrer est divisible ; si la livraison n'avait pas eu lieu, chaque héritier n'aurait été tenu de livrer qu'une partie du fonds ; l'obligation de garantie, conséquence de l'obligation de livrer, doit donc être divisible comme elle.

Cette théorie est-elle exacte ? Examinons d'abord l'action en garantie.

En règle générale les obligations qui ont pour objet *facere* sont indivisibles, parce que les faits le sont eux-mêmes la plupart du temps. Cependant le contraire peut arriver. La règle suivante servira à distinguer les faits divisibles de ceux qui ne le sont pas : un fait est indivisible si l'on ne peut retirer aucune utilité de son exécution partielle ou si les parties l'ont envisagé comme ne pouvant pas être exécuté pour partie. Il est donc, suivant la terminologie que nous avons rappelée plus haut, indivisible *noturà* ou bien *obligatione.*

Appliquons ces principes à l'action en garantie.

L'obligation du vendeur consiste à défendre l'acheteur contre l'éviction. Ce fait est-il divisible ? Il nous paraît évident que la défense partielle présente de l'utilité pour l'acheteur, puisqu'elle le maintient en possession d'une partie de la chose. A ce point de vue donc l'obligation de garantie est divisible. Mais en est-il de même si l'on recherche l'intention des parties ? Nous croyons que non : l'acheteur a envisagé le fonds lui-même comme formant un tout qui lui convenait dans sa forme et dans son étendue et c'est méconnaître son intention que de scinder les obligations du vendeur. La doctrine qui se prononce pour l'indivisibilité de l'action en garantie nous paraît donc exacte. On objecte, il est vrai, que les obligations du vendeur se divisent entre ses héritiers. Mais cette règle ne s'applique plus en présence d'une convention contraire, et précisément, nous venons de le dire, l'intention de l'acheteur en contractant était d'acquérir la totalité du fonds.

Quels renseignements les textes fournissent-ils à cet égard ? Remarquons d'abord que l'action en garantie comprend deux chefs ; d'abord le fait de la défense de l'acheteur, puis les dommages-intérêts, si la défense ne s'est pas produite utilement. Aucun doute que les dommages-intérêts ne soient divisibles, mais le fait de défendre est considéré par les textes comme indivisible. Lorsque la vente a été faite avec assignation de parts par plusieurs vendeurs, l'action en garantie ne peut être intentée contre chacun d'entre eux que pour sa part : Rien de plus naturel. Un texte le décide (1), fournissant ainsi un argument *a contrario* très puissant pour trancher la question dans le sens de l'indivisibilité, lorsque la vente a été faite sans assignation de parts.

Un autre texte (2) est encore plus formel en ce sens ;

(1) L. 39 § 2, D. 21,1.
(2) L. 85 § 5, D. 45,1 ; Cp. L. 85, 21,2.

il est relatif au cas où il y a plusieurs héritiers du vendeur originaire : *Auctoris heredes in solidum denon-
ciandi sunt*, dit le texte. Tous les héritiers doivent être
mis en cause et la dénonciation du trouble doit avoir
lieu *in solidum*. *Quolibet deficiente, omnes tenebun-
tur...* Lorsque l'un des héritiers vient à défaillir, tous
les autres en sont responsables. *Sed unicuique pro
parte hereditaria præstatio injungitur.* Les dommages-intérêts se divisent entre les héritiers en propor-
tion de la part de chacun. Mais la dette des dommages-
intérêts est encourue pour partie par tous les héritiers,
alors même qu'un seul d'entre eux ferait défaut et man-
querait à l'obligation de défendre l'acheteur. Cela montre
bien le caractère indivisible de l'obligation de garantie. Si en effet elle avait été divisible, ceux des héritiers
qui auraient défendu l'acheteur pour leur part personnelle n'aurait dû encourir aucune condamnation.

Que décider maintenant quant à l'exception de garantie ?

Il semble logique au premier abord d'étendre à l'exception la règle que nous avons admise pour l'action
de garantie. En effet, nous avons fondé le caractère indivisible de cette dernière sur l'intention des parties ;
or il paraît bien que l'acheteur a entendu également
que l'un des héritiers du vendeur ou l'un des vendeurs
ne pût l'évincer lui-même pour partie, en prétendant
qu'il ne doit garantie que pour l'autre partie. L'exception de garantie est accordée à l'acheteur parce que
celui qui revendique contre lui serait tenu, le cas
échéant, de le garantir. Le caractère indivisible de

l'exception de garantie a toujours en effet été admis en
ce qui concerne plusieurs vendeurs.

Indépendamment du motif que nous venons d'indiquer, on peut dire que la vente est un contrat de
bonne foi et qu'il y aurait dol de la part de l'un des
vendeurs à prétendre qu'il n'est tenu de l'éviction que
pour partie.

La décision contraire est formellement consacrée par
deux constitutions (1) pour les héritiers d'un vendeur
unique. Dumoulin et Pothier (2) justifient cette solution
qui paraît contredire celles que nous avons données
jusqu'ici, en s'appuyant sur l'ancien principe d'après
lequel les créances et les dettes du *de cujus* se divisent
de plein droit après sa mort entre ses héritiers. Cette
explication est insuffisante. On pourrait reproduire le
même raisonnement à propos de l'action en garantie
et nous l'avons écarté en disant que le principe de la
division des dettes entre les héritiers souffrait exception quand une convention contraire existait, expresse
ou présumée ; que l'intention évidente des parties était
que l'acheteur restât en possession, non pas seulement
d'une portion de l'objet, mais de sa totalité. Il n'existe
à ce sujet aucune raison de distinguer entre l'action
et l'exception de garantie. Que l'acheteur succombe
dans l'action ou dans l'exception, il n'en est pas moins
évincé. Mais en présence des textes des deux constitutions que nous avons citées, il nous est impossible de

(1) Coust, 13, C. 3,3,2 ; Cost, 14, C. 8,75.
(2) Dumoulin, *loc. cit.*, t. II, p. 499 ; Pothier, *loc. cit.*, n° 104.

ne pas admettre qu'à partir de ces constitutions, l'exception de garantie était divisible par rapport à plusieurs héritiers d'un vendeur unique. Mais à l'époque du droit classique, antérieurement aux constitutions, l'exception de garantie devait être indivisible à tous égards. comme l'action elle-même. La logique impose cette solution qu'aucun texte ne vient contredire.

Section III

Etendue de l'obligation de garantie.

§ 1. — Etendue normale de l'obligation.

La conclusion de l'étude historique que nous avons faite plus haut est que l'obligation de garantie a fini par exister dans la vente, indépendamment de toute stipulation. Cette obligation existe dans toutes les ventes, quelle que soit la nature de l'objet vendu. Nous allons examiner successivement trois hypothèses : la vente de choses corporelles, la vente de choses incorporelles et la vente faite par un créancier gagiste ou hypothécaire.

Vente de choses corporelles.

Les choses corporelles étant susceptibles de possession peuvent évidemment donner lieu à éviction. Les cas d'éviction sont multiples. Mais il importe d'établir entre eux une distinction. Nous étudierons plus loin, en détail, le mécanisme des deux actions qui sont accordées à l'acheteur pour réclamer l'exécution de l'obligation de garantie, l'action *empti* et l'action *ex stipulatu*. Elles présentent de nombreuses différences que nous indiquerons. Signalons-en une dès maintenant sur la matière qui nous occupe actuellement, l'action *empti* est ouverte à l'acheteur d'une chose corporelle dans tous les cas où il est évincé; au contraire. L'action *ex stipulatu* ne lui est donnée que si l'éviction porte sur la totalité ou sur une partie de la chose même qui a fait l'objet direct de la vente. Cette formule laisse de côté l'éviction portant sur ce qui reste de la chose après son extinction, sur les choses qui sont entrées dans la vente comme simples accessoires de l'objet ou sur celles qui en sont provenues depuis la vente. Dans tous ces derniers cas l'exercice de l'action *empti* est seule possible.

Aucune difficulté n'existe pour l'éviction totale. Quant à l'éviction partielle, elle permet en principe à l'acheteur d'invoquer l'une ou l'autre action (1), soit que l'éviction porte sur une part divise, soit qu'elle porte sur une part indivise de la chose.

Il est fait exception à cette règle pour la vente d'un esclave; l'action *ex stipulatu* n'est donnée que si l'éviction est totale, à moins qu'il n'y ait eu une stipulation formelle visant l'éviction partielle *quia non potest videri homo evictus, cum pars ejus evicta est* (2). Cette exception paraît bizarre. On en a donné la raison

(1) L. 1, D. 21,2.
(2) L. 6 § 2. D. 21,2.

suivante ; c'est que l'éviction partielle de l'esclave n'empêche pas que les acquisitions faites par lui sur l'ordre de l'acheteur ne profitent complètement à ce dernier.

Nous avons indiqué déjà une exception plus générale à la règle que l'éviction partielle donne ouverture aux deux actions : L'action *ex stipulatu* est refusée en effet à l'acheteur d'après les textes lorsque l'éviction ne porte que sur une partie accessoire de l'objet qui peut s'en séparer complètement sans perdre son caractère homogène (1) ; il en est de même lorsque l'éviction porte seulement sur ce qui provient de la chose, par exemple sur le part d'un esclave ou d'un animal (2). Mais l'action *empti* est accordée à l'acheteur dans toutes ces hypothèses (3). Le caractère d'action de bonne foi qui appartient à l'action *empti* explique ce résultat. En effet, si dans toute la rigueur des principes, l'acheteur ne subit pas d'éviction relativement à l'objet même qui lui a été vendu, il n'en est pas moins privé de la possession de choses qui se rattachent à cet objet par un lien intime.

Que décider lorsque le tiers n'a privé l'acheteur que de l'usufruit de la chose vendue? Les textes considèrent cette privation de l'usufruit comme une éviction partielle (4). En effet, lorsqu'un tiers revendique avec succès l'usufruit de la chose vendue, on ne peut dire

---

(1) L. 16, D. 21,2 ; L. 31 §§ 24, 25, D. 21,1.
(2) LL. 42, 43, D. 21,2.
(3) L. 16, D. 21,2 ; L. 11 §§ 17, 27, D. 19,1.
(4) L. 4, D. 7,1.

que le vendeur a rempli son obligation de faire avoir
la jouissance paisible de la chose, la *vacua possessio*.
L'usufruit d'ailleurs était considéré par les Romains
comme une partie de la propriété. Paul dit à cet égard :
Usufructus in multis casibus pars domini est (1).
Nous trouvons en notre matière une juste application
de cette idée. La même solution est admise, lorsque
l'éviction porte sur un droit d'usage. Cette hypothèse
est prévue formellement par un texte (2) qui ajoute
après les mots *de usufructu vel de usu* ces autres
expressions : *vel de quo alio jure ejus quod distrac-
tum est.* D'après M. Labbé (*de la Garantie*, p. 17) le
texte fait ainsi allusion à un *jus in agro vectigali*, ou
à un droit de superficie. L'éviction portant sur un de
ces droits est donc considérée, à l'exemple de l'éviction portant sur un droit d'usufruit ou d'usage, comme
donnant ouverture au recours en garantie.

Nous avons ainsi passé en revue les servitudes personnelles. Pour les servitudes prédiales la question a
soulevé de vives controverses.

Le vendeur doit-il garantie à raison de l'existence de
pareilles servitudes ?

Trois systèmes principaux ont été présentés à cet
égard.

Le premier système (3) distingue entre les servitudes
apparentes et les servitudes non apparentes. Pour ces

(1) L. 4, D. 7,1
(2) L. 38 §3, D. 45,t.
(3) Maynz, t. II, p. 189 § 296, note 13.

dernières, l'acheteur a un recours dans tous les cas.
Pour les premières, il n'a de recours que si le fonds
lui a été vendu *uti optimus maximus*. Ce système
consacré par le Code civil, est assez logique : en effet,
l'acheteur est en faute de n'avoir pas remarqué les servitudes apparentes, tandis qu'il n'avait aucun moyen
de découvrir les servitudes occultes. Mais le texte (1)
que l'on invoque dans cette opinion, ne consacre pas
la distinction d'une façon assez formelle pour qu'elle
soit admise.

Un second système défendu surtout par Cujas (2),
repousse toute distinction entre les servitudes et n'admet pas que l'existence d'une servitude quelconque
puisse constituer une éviction. L'acheteur a seulement
l'action *quanti minoris*, pour obtenir une diminution
de prix proportionnelle à la moins-value causée par la
servitude, qui est ainsi considérée comme un vice de
la chose, impuissant d'ailleurs à entraîner la résolution de la vente, mais justifiant seulement une demande
en remboursement d'une partie du prix. Mais de plus
si le vendeur a présenté le fonds comme libre de toute
servitude, l'acheteur peut intenter l'action *ex empto* et
même l'action *ex stipulatu*, quand le vendeur a ajouté
une promesse. L'intérêt de n'accorder à l'acheteur que
l'action *quanti minoris* tient à ce que cette action ne

---

(1) L. 75, D. 21,2.
(2) Cujas, obs. 2,20, *Com. ad*, tit. 1, lib. 45, L. 36 ; *Com. ad*, tit. 1,
lib. 18, L. 59. V. *de officiis*, tit. 3, n° 16 ; *de oratore*, I, 39, L. 86,
D. 50,16.

s   4 dure qu'un an, à la différence de l'action *ex empto* qui est perpétuelle.

Nous préférons adopter une troisième opinion enseignée par M. Labbé (*de la Garantie*, p. 21 et s.). Le texte suivant contredit en effet les deux premiers systèmes : *Cum venderes fundum, non dixisti ita ut optimus maximusque, verum est quod Quinto Mutio placebat, non liberum, sed qualis esset fundum præstare oportere* (1). Ainsi aucune distinction n'est faite entre les servitudes apparentes ou occultes, ni entre plusieurs espèces d'actions qui seraient accordées suivant les cas. D'une façon générale le vendeur ne doit garantie à raison de l'existence d'une servitude que s'il a vendu le fonds en le déclarant libre. D'ailleurs quel que soit le système adopté, le vendeur est responsable s'il a commis un dol (2). Le texte d'Ulpien qui parle d'une action *quanti minoris* n'a pas trait à la question de savoir dans quel cas le vendeur doit garantie, mais a pour objet de déterminer le montant de l'indemnité qu'il doit payer et qui est égale à ce que l'acheteur aurait payé en moins s'il avait connu la servitude : *Quanti minoris emisset emptor si scisset hanc servitutem impositam* ; Ulpien ne dit pas formellement que l'acheteur se servira de l'action *quanti minoris*. Il pourra, selon nous, invoquer l'action *empti*, puisque cette action a pour objet de sanctionner l'exécution des clauses du contrat.

(1) L. 59, D. 18,1.
(2) L 1 § 1, D. 19,1.

Avant de terminer avec la question des servitudes, il reste à examiner l'hypothèse inverse de celle qui nous a occupé jusqu'ici. Le vendeur doit-il garantie lorsqu'une servitude active, qui paraissait exister au profit du fonds vendu, vient à être contestée avec succès par le propriétaire du fonds soumis à la prétendue servitude ? Les textes sont formels sur ce point, aussi bien pour les servitudes rustiques (1), que pour les servitudes urbaines (2). Le vendeur n'est pas tenu à la garantie quand bien même il aurait vendu le fonds *uti optimus maximusque*. Par cette déclaration, en effet, le vendeur se borne à affirmer que le fonds est libre de toute servitude passive. La garantie n'est due, pour le défaut d'existence d'une servitude que si le vendeur en a affirmé spécialement l'existence.

Vente de choses incorporelles.

L'éviction est la privation de la possession d'une chose. Les choses incorporelles, sans doute, ne sont pas susceptibles de possession, mais elles sont susceptibles d'une quasi-possession, dont la privation a été considérée comme suffisante à constituer l'éviction.

Examinons successivement la vente d'une servitude, la vente d'une créance et enfin la vente d'une hérédité.

(1) L. 75, D. 21,2 ; L. 16,9, D. 50,16.
(2) L. 66, D. 18.1.

La vente d'une servitude intervient de deux façons. Ou bien le vendeur s'engage à constituer au profit de l'acheteur une servitude ; ou bien il convient de transmettre à l'acheteur le bénéfice d'une servitude déjà constituée. La question de la garantie ne présente aucune difficulté. Le vendeur est soumis à l'action en garantie, lorsqu'une cause antérieure à la vente prive l'acheteur de l'exercice utile de la servitude (1).

La vente d'une créance donne lieu à l'exercice de l'action en garantie dans deux hypothèses bien distinctes : la créance vendue n'existe pas ; elle existe, mais le débiteur est insolvable. D'après les textes (2), le vendeur n'est garant que de l'existence de la créance, et nullement de la solvabilité du débiteur, même antérieure à la vente. Les Romains n'ont pas considéré l'insolvabilité du débiteur comme un vice rédhibitoire de la vente de la créance. Mais le vendeur est responsable s'il connaissait l'insolvabilité du débiteur : il y a là, en effet, un dol de sa part. En dehors de cette hypothèse, il suffit donc, pour décharger le vendeur de toute garantie, que la créance existe, c'est-à-dire que aucune action et même aucune exception (3) ne puisse la paralyser.

Si la créance vendue est accompagnée d'une sûreté, le vendeur doit-il une garantie spéciale sur ce point ? La question est controversée. Il s'agit d'interpréter le

(1) L. 6 § 5, D. 19,1.
(2) L. 4, D. 18,4 ; L. 74, D. 21,2
(3) L. 5, D, 18,4.

texte suivant : *Periculum pignorum nominis ven-*
diti ad emptorem pertinet ; si tamen probetur eas
res obligatas fuisse (1). Dans une première opinion
enseignée par Cujas et Pothier (2), ce texte signifierait
que le vendeur ne garantit qu'une seule chose, c'est
que les objets engagés ou hypothéqués pour sûreté de
la créance, au dire du vendeur, l'ont été réellement.
L'acheteur n'aurait rien à réclamer si la valeur des
objets était insuffisante au moment de la vente pour
assurer le payement intégral de la créance, ou si les
objets venaient à être revendiqués par un tiers.
M. Labbé (*op. cit.*, p. 29 et s.) professe un système
différent qui nous semble préférable. Le vendeur est
garant relativement aux sûretés qu'il a déclarées, mais
à celles-là seulement, car elles ont dû être prises en
considération pour la fixation du prix. Il est responsable non seulement si les objets n'ont pas été réellement engagés, mais même s'ils n'appartenaient pas au
débiteur qui les a engagés et s'ils ont été revendiqués
avec succès par un tiers.

Prenons maintenant l'hypothèse d'une fidéjussion qui
fortifie la créance et que le vendeur a déclaré exister.
La vente comprend la cession de deux actions :
l'une contre le débiteur principal, l'autre contre le
débiteur accessoire. De même que le vendeur garantit
l'existence de la créance, mais non la solvabilité du
débiteur, de même il garantit l'existence et la vali-

---

(1) L. 30, D. 20,1.
(2) Pothier, Pedidectes de heredvel act. vend., n° 29.

dité de la fidéjussion, mais non la solvabilité du fidéjusseur. Telle est la solution la plus logique et la
plus conforme aux principes.

La vente d'une hérédité peut se produire dans deux
hypothèses différentes. Ou bien la personne dont l'hérédité est vendue est vivante, ou bien elle est décédée.
Dans le premier cas la vente est absolument nulle, car
l'objet vendu n'existe pas encore (1). Sans doute le droit
romain autorise les ventes sur succession future à la
condition que la personne de l'hérédité de laquelle il
s'agit y consente (2). Mais il n'en est pas moins vrai que
l'on ne peut vendre ce qui n'existe encore qu'à l'état
d'espérance. Aucune obligation ne prend donc naissance à la charge d'aucune des parties. Cependant le
vendeur est toujours responsable de son dol. S'il a
vendu l'hérédité d'une personne vivante en laissant
croire qu'elle était morte, ce dernier peut agir par l'action *empti* et réclamer la restitution du prix ainsi que
la réparation du dommage que lui a causé le vendeur (3).

La vente de l'hérédité d'une personne décédée comprend l'émolument attaché à la qualité d'héritier. Le
vendeur ne garantit que cette qualité, mais nullement
la valeur de l'émolument qui y est attaché. De même
nous avons vu que le vendeur d'une créance ne garan-
tissait pas la valeur de la créance. Ce qui est vendu,
c'est donc l'hérédité abstraite, le *nomen juris*. Les ac-

(1) L. 7, D. 18,4.
(2) L. 30, C. 2,3.
(3) *Inst.*, III, tit. 3 § 5.

tions héréditaires seront exercées par l'héritier à ses
risques et périls ; il subira sans aucun recours les évic-
tions portant sur des objets particuliers dépendant de
l'hérédité. Mais si un tiers intente contre lui la *petitio
hereditatis*, c'est la une attaque dirigée non plus contre
tel ou tel objet compris dans la succession, mais contre
le titre d'héritier lui-même. Le vendeur doit donc garantir (1). Tel est la règle, à moins de convention contraire. Si le vendeur a déclaré spécialement que telle
chose était comprise dans l'hérédité, il répond de l'éviction de cette chose. Il y a dans cette clause une extension de la garantie ordinaire. A l'inverse, le vendeur
peut échapper à toute responsabilité à raison de l'éviction portant même sur la qualité d'héritier. Cela arrive
lorspu'il a vendu ce qu'il pourrait avoir de droit sur
l'hérédité *si quid juris esset*. Alors la vente présente
un caractère incertain, non pas seulement en ce qui
concerne l'émolument à recueillir, mais en ce qui concerne la qualité même d'héritier. Si l'acheteur est évincé
de l'hérédité, le vendeur qui n'a transmis qu'une simple
espérance ne doit aucune garantie (2), à moins cependant qu'il n'ait été de mauvaise foi, car il est toujours
responsable de son dol.

Vente faite par un créancier gagiste ou hypothécaire.

Le créancier gagiste ou hypothécaire avait en droit

(1) L. 2. D. 18,4 ; L. 1, C. 8,45 ; L. 14 § 1, D. 18,4.
(2) LL. 10, 11, D. 18,4.

romain, le droit de vendre l'objet engagé ou hypothéqué. Il fallut d'abord une convention expresse insérée
à cet effet dans le contrat; puis le droit de vendre fut
reconnu au créancier gagiste ou hypothécaire comme
une conséquence naturelle du contrat.

Quand le créancier vend l'objet, à quelle garantie
est-il tenu envers l'acheteur ?

Une distinction doit être faite. Si le créancier a vendu
la chose comme lui appartenant personnellement et
sans faire connaître à l'acheteur sa qualité de créancier
gagiste, il répond de l'éviction comme un vendeur
ordinaire dans les termes du droit commun. De même
si tout en déclarant sa qualité de créancier, il a promis
spécialement la garantie, il s'oblige à exécuter sa promesse. Mais s'il a vendu en faisant connaître à l'acheteur qu'il agissait comme simple créancier gagiste, il
ne répond pas de l'éviction causée par le défaut de droits
de son débiteur, propriétaire de l'objet, mais il garantit
seulement l'existence de ses droits propres, de ses
droits de créancier gagiste. Cette restriction de la garantie s'impose dans cette dernière hypothèse. Le vendeur a révélé sa qualité, l'acheteur n'est pas trompé.
Cependant, il convient de rappeler que suivant le principe général qui gouverne ces matières, le vendeur
est toujours responsable de son dol (1). Cette distinction entre les deux hypothèses où, suivant l'expression
des commentateurs, la vente est faite par le créancier
gagiste *jure communi,* comme on vendeur ordinaire

(1) L. 11 § 16, D. 19,1.

ou *jure creditoris*, en qualité de créancier, résulte des textes (1). D'ailleurs le créancier, qui vend l'objet *jure creditoris*, doit, en cas d'éviction se réalisant par suite du défaut de droits du vendeur, céder à l'acheteur l'action *pigneratitia contraria*, qui est donnée au créancier contre son débiteur qui lui a remis en gage un objet appartenant à autrui (2). En faisant cette cession, le créancier vendeur a satisfait à toutes ses obligations envers l'acheteur.

Nous avons dit plus haut qu'il pouvait ajouter aux engagements que le droit lui impose en faisant une promesse spéciale. Si l'éviction se produit et que le créancier soit obligé de payer ce qu'il a promis, par exemple de restituer le double du prix, peut-il se retourner contre son débiteur et lui réclamer le remboursement de ce qu'il a payé ? Il semble qu'il le puisse, car le débiteur est en faute d'avoir engagé un objet qui ne lui appartenait pas ; il doit donc être responsable de l'éviction et par conséquent du paiement que le créancier a dû faire par suite de l'éviction. Une distinction cependant s'impose : Ulpien l'établit d'une façon très nette (3). Le créancier peut recourir contre son débiteur lorsqu'il a été obligé, pour obtenir un prix acceptable, de fournir à l'acheteur une promesse. Dans ce cas en effet le créancier a usé du gage *ut paterfamilias diligens*. Mais s'il s'est engagé d'une façon im-

---

(1) L. 59 § 4, D. 17,1 ; L. 1, C. 8,46.
(2) L. 38, D. 21,2.
(3) L. 22 § 4, D. 13,7.

prudente et inutile il doit supporter seul les conséquences de son imprudence.

Nous avons dit que la garantie due par le créancier gagiste ou hypothécaire était limitée, en dehors d'une convention expresse, et en l'absence de dol, à l'éviction provenant d'un défaut de droits dans la personne du créancier. Personne ne conteste cette solution en tant qu'elle restreint les obligations du créancier ; mais on a prétendu (1) que le créancier ne devait même pas la garantie en cas d'éviction provenant d'un défaut de droits dans sa personne. La plupart des interprètes (2) ont repoussé ce système ; ils admettent avec raison que si, par exemple, le créancier hypothécaire n'avait pas le droit de vendre étant primé par un créancier antérieur qui vient évincer l'acheteur, le créancier vendeur doit la garantie. Sans entrer dans le détail de la controverse, indiquons seulement que l'opinion la plus accréditée se recommande surtout d'un rescrit d'Alexandre Sévère (3) dans lequel se trouve le passage suivant : *Hoc utique præstare debet qui pignoris jure vendit, potiorem se cœteris esse creditoribus.* Ces mots montrent bien que le créancier hypothécaire doit prouver son droit de vendre et, partant, indemniser l'acheteur si ce droit de vente ne lui appartient pas, mais appartient à un créancier antérieur qui évince l'acheteur.

(1) V. Vernet, Labbé, *Garantie*, p. 42.

(2) Doneau, *Sur la loi* 7 au C. 8,46 ; Cujas, sur le même titre du C. ; Labbé, *loc. cit.*

(3) L. 1, C. 8,46

Nous venons d'étudier la garantie due par le créancier gagiste ou hypothécaire à l'acheteur. Mais le débiteur lui-même est-il tenu envers l'acheteur ?

Aucun contrat ne lie le débiteur à l'acheteur ; le débiteur ne peut donc être tenu envers lui que d'une façon indirecte. Nous avons vu que le créancier devait céder à l'acheteur son action *pigneratitia contraria*. Celui-ci pourra l'exercer contre le débiteur. C'est une première voie de recours.

Il semble bien que l'acheteur puisse également intenter l'action *empti utilitatis causâ*. Un texte (1) accorde en effet cette action à l'acheteur dans l'hypothèse suivante. Le magistrat, après avoir condamné un débiteur, ordonne que certains de ses biens seront saisis à titre de gage, puis vendus si la condamnation n'est pas exécutée dans un certain délai. La vente a lieu ; le prix est versé entre les mains du créancier qui a obtenu la condamnation et le débiteur est libéré. En cas d'éviction l'acheteur a un recours contre le débiteur par l'action *empti* pour le montant du prix et des intérêts, déduction faite des fruits que l'acheteur évincé a conservés. Si l'action *empti* est accordée dans cette hypothèse, où pourtant aucun lien de droit ne semble exister entre le débiteur et l'acheteur, cela tient, d'après M. Labbé (*op. cit.*, p. 46) au motif suivant : La solution a dû être admise d'abord pour le *pignus conventionale*. On a considéré que le créancier gagiste, qui vendait volontairement l'objet engagé, agissait en

(1) L. 74 § 1, D. 21,2.

quelque sorte comme le mandataire du débiteur, comme un *procurator præsentis*, et que partant les effets des actes accomplis par le créancier se réalisaient directement dans la personne du débiteur, ainsi qu'il est admis lorsqu'un *procurator præsentis* intervient pour représenter son mandant (1). L'action *empti* était donc donnée à l'acheteur *utilitatis causâ*.

Cette règle fut étendue plus tard au *pignus judiciale*. C'est l'hypothèse prévue par le texte que nous avons cité. Quant à la limitation des effets de l'action *empti* au prix et aux intérêts, elle se comprend dans l'hypothèse du *pignus judiciale*, parce que le débiteur n'a pas constitué volontairement l'objet en gage et a subi la vente contre son gré. Mais dans le cas du *pignus conventionale*, le gage ayant été constitué volontairement et le débiteur ayant par là même consenti virtuellement la vente, l'action *empti* sera donnée *utilitatis causa* contre lui jusqu'à concurrence de tout le dommage éprouvé par l'acheteur évincé (2).

§ 2. — Clauses extensives de l'obligation de garantie.

Nous avons indiqué dans le paragraphe précédent l'étendue normale de l'obligation de garantie; nous avons montré les cas où la garantie était due d'après les règles ordinaires du droit. Mais les parties sont

(1) Fragm. Vat. § 331.
(2) Arg. L. 24, pr. D. 13,7.

libres d'augmenter l'étendue de la garantie et de l'imposer dans des hypothèses où le droit commun ne l'exigerait pas. Nous avons signalé au passage plusieurs applications de cette idée. C'est ainsi que le vendeur d'une créance peut garantir, par une convention spéciale, la solvabilité du débiteur, et le vendeur d'une hérédité, la valeur de l'émolument héréditaire ou l'existence de tels et tels objets dans la succession. De même le créancier gagiste ou hypothécaire, tout en vendant la chose *jure creditoris*, peut s'obliger à la garantie qui incombe au vendeur ordinaire. La volonté des parties doit être suivie sur tous ces points.

Nous pouvons faire une remarque analogue en ce qui concerne les effets de la garantie. Nous verrons plus loin que deux actions sont mises, dans certaines conditions que nous aurons à préciser, au service de l'acheteur pour faire valoir ses droits. Les deux actions diffèrent d'ailleurs par leurs résultats. L'action *empti* permet à l'acheteur d'exiger la réparation complète du préjudice que lui cause l'éviction ; l'action *ex stipulatu* a pour objet une somme fixe. Nous reviendrons sur cet aperçu. Mais ce que nous voulons faire ressortir actuellement, c'est que la convention des parties peut étendre les effets ordinaires de la garantie.

C'est ainsi que les parties peuvent joindre à la vente une *stipulatio dandi* (1) ; c'est-à-dire que l'acheteur peut s'engager, par une stipulation spéciale, à transférer la propriété à l'acheteur. Nous avons vu, au

(1) L. 25 § 1, D. 18,1.

début de notre travail, que le vendeur ne s'obligeait pas à transférer la propriété, mais qu'il fallait combiner cette idée avec le principe que le vendeur devait aussi s'abstenir de tout dol, ce qui restreignait considérablement la portée de la règle précitée. La seule conséquence pratique de ce principe est relative à l'obligation de garantie ; le vendeur de bonne foi ne peut être poursuivi en garantie par l'acheteur tant que l'éviction ne s'est pas produite. La *stipulatio dandi* vient aggraver sur ce point la situation du vendeur. Il a promis de transférer la propriété ; s'il a vendu, même de bonne foi, la chose d'autrui, il n'a pas accompli ses obligations et l'acheteur peut intenter contre lui l'action en garantie même avant toute éviction.

§ 3. — Clauses restrictives de l'obligation de garantie.

L'obligation de garantie peut aussi être restreinte et même complètement détruite par la convention. En effet, si cette obligation est de la nature de la vente en ce sens qu'elle dérive de toute vente, à moins de clause contraire (1), elle n'est pas de son essence, c'est-à-dire que le contrat de vente peut exister sans qu'il y ait garantie, ou sans que la garantie produise des effets aussi importants qu'à l'ordinaire.

Examinons successivement les hypothèses où la garantie est diminuée ou même détruite par une convention expresse ou sous-entendue.

(1) L. 66, pr. D. 18,1 ; L. 6, C. 8,45.

1° *L'acheteur connait le danger d'éviction.* — Dans cette hypothèse, la convention de non garantie est sous-entendue ; l'obligation de garantie n'existe que si le vendeur l'a formellement prise à sa charge. L'acheteur, qui a connu le danger d'éviction ne peut donc en principe réclamer aucune indemnité pour le préjudice que lui cause l'éviction. Mais peut-il au moins se faire rembourser le prix qu'il a payé? Cette question est controversée et la discussion porte sur l'interprétation qu'il convient de donner au texte suivant : *Si fundum sciens alienum comparavit Athenocles, neque quicquam de evictione convenit : quod eo nomine dedit, contra juris posuit rationem* (1). Que signifient les mots : *quod eo nomine dedit.* Ont-ils une portée générale, et comprennent-ils par conséquent tout ce que l'acheteur a déboursé, même le prix ? Certains commentateurs (2) ne vont pas si loin. Ils enseignent que ces mots s'appliquent simplement aux déboursés que l'acheteur a faits indépendamment du prix ; par exemple, l'acheteur a payé au propriétaire revendiquant la *litis æstimatio,* ou au créancier hypothécaire, qui le poursuivait, le montant de sa créance. Quant au prix, l'acheteur ne l'a pas payé *evictionis causâ;* il peut en réclamer le remboursement. Cette opinion est généralement abandonnée aujourd'hui (3). En effet, les mots *quod eo nomine dedit* se rapportent à *fundum ;*

(1) L. 27, C. 8,45.
(2) Cujas, com. sur la loi 27, 8,45 ; Pathier, vente n° 188.
(3) Notamment Accarias, *Précis,* t. II, n° 607.

l'acheteur ne peut rien réclamer de ce qu'il a donné pour acquérir le fonds; par conséquent, le prix est définitivement perdu pour lui. Cette solution est plus rationnelle : l'acheteur connaissait le danger d'éviction : il a acheté à ses risques et périls. On invoque encore en ce sens un argument d'analogie tiré d'un texte (1) relatif à la matière du partage.

Lorsque, pendant l'indivision, les cohéritiers hypothèquent un fonds, qui se trouve ensuite attribué à l'un d'entre eux, ce dernier n'a aucun recours contre les autres à raison de l'éviction, lorsqu'il a connue l'existence de l'hypothèque qui grevait le fonds mis dans son lot. Les partisans du premier système tirent argument, il est vrai, d'une décision de Justinien (2), d'après laquelle l'acheteur qui a su que la chose achetée était grevée d'un fidéicommis, peut en répéter le prix. Mais il y en a une raison bien simple : c'est que la vente grevée d'un fidéicommis est radicalement nulle ; le prix a été payé sans cause et sa répétition s'impose, malgré la mauvaise foi de l'acheteur. Au contraire la vente de la chose d'autrui est valable. On ne saurait donc raisonner *a,pari* dans les deux hypothèses.

2° *Le vendeur a déclaré un état de droit pouvant amener l'éviction.* — Nous trouvons un nouvel exemple de convention tacite excluant la garantie dans l'hypothèse suivante. Le vendeur a déclaré que l'esclave

(1) L. 7, C. 3,38.
(2) L. 3 § 4, C. 6,43.

vendu était *statu liber*. On appelle ainsi l'esclave affranchi par testament sous condition. Lorsque la condition est encore pendante, au moment du décès du testateur, l'héritier devient provisoirement maître de l'esclave affranchi sous condition ; mais son droit disparaît si la condition s'accomplit. L'esclave, dont la situation est ainsi tenue en suspens, s'appelle *statu liber* (1). Lorsque l'héritier vend l'esclave en faisant connaître à l'acheteur sa situation, et que la condition mise à l'affranchissement de l'esclave vient à se réaliser, l'acheteur, qui perd ainsi la propriété de l'esclave, ne possède aucun recours en garantie.

3° *Clauses de non garantie*. — Examinons maintenant les clauses formelles de non garantie :

Lorsqu'une convention de cette nature est intervenue, l'acheteur évincé ne peut demander au vendeur des dommages-intérêts. Tel est le sens naturel de la convention. Mais l'acheteur conserve le droit de répéter le prix : *Si aperte in venditione comprehendatur, nihil evictionis præstatum iri, pretium quidem deberi, re evicta, utilitatem non deberi*. La règle est bien nette ; elle s'explique par le caractère de bonne foi que revêt le contrat de vente.

La convention des parties peut aller plus loin et décharger le vendeur même du remboursement du prix (2). Cette clause est parfaitement licite et doit

(1) Fragm. d'Ulp., II, §§ 7 et 8.
(2) L. 11 § 18, D. 19,1.

F   5

même être sous-entendue quand la vente est aléatoire, et porte par exemple sur un coup de filet. Ce qui est vendu alors, c'est une simple espérance; c'est une simple espérance que l'acheteur a entendu payer et par conséquent aucun remboursement n'est dû par le vendeur lorsque le coup de filet ne rapporte rien (1).

La clause de non garantie peut être spéciale à telle ou telle cause d'éviction : alors le vendeur reste responsable de toute éviction provenant d'une autre cause. Le vendeur peut aussi limiter son obligation de garantie à une certaine durée ; passé le délai prévu, le vendeur ne doit plus rien. Les textes (2) fournissent un exemple de cette convention. Une personne a vendu un esclave en promettant de fournir dans les trente jours la *cautio duplæ*, mais en stipulant qu'il ne devrait plus rien après ce délai. Si l'acheteur néglige de réclamer la caution dans les trente jours, le vendeur n'est plus responsable de l'éviction, à moins pourtant qu'elle ne provienne de son fait ou de celui de ses ayants cause (3).

Rappelons que dans cette hypothèse, comme dans toutes celles où le vendeur a restreint sa garantie, il répond toujours de son dol, nonobstant toute convention.

---

(1) L. 11 § 18, D. 19,1.
(2) L. 11 § 15, D. 19,1.
(3) L. 17, D. 21,2.

CHAPITRE II

Effets de l'obligation de garantie ou Exercice des actions en garantie.

Section I

A qui les actions en garantie sont données.

L'action en garantie appartient à l'acheteur, qui transmet son droit de l'invoquer à ses successeurs universels. Quant aux héritiers particuliers, ils ne peuvent exercer l'action que si elle leur a été spécialement donnée. C'est ce qui est formellement décidé par les textes pour un légataire (1).

Le successeur universel peut, dans certains cas, exercer un recours en garantie qui n'a jamais appartenu à son auteur. Supposons que l'esclave vendu ait été institué héritier, mais qu'il n'ait accepté l'hérédité qu'après la mort de l'acheteur, et sur l'ordre du successeur universel de ce dernier. L'esclave est évincé

------

(1) L. 50, D. 21,2.

de l'hérédité. Tandis que l'acheteur n'aurait pu exercer l'action *ex empto* que pour se faire livrer l'esclave, le successeur universel peut recourir en garantie pour le préjudice que lui cause l'éviction de l'hérédité qui avait été léguée à l'esclave (1). En effet, l'esclave n'ayant accepté l'hérédité que sur l'ordre du successeur universel, l'action en garantie, fondée sur l'éviction de l'hérédité, n'a pu prendre naissance qu'au profit du successeur universel.

Il n'est pas nécessaire que celui auquel appartient l'action en garantie soit évincé personnellement ; il suffit qu'il ait intérêt, même un simple intérêt d'affection à ce que l'éviction ne se produise pas. L'acheteur peut recourir en garantie, lorsque c'est son ayant cause qui a subi l'éviction. Les textes (2) font l'application de cette idée dans l'espèce suivante. Une femme donne un fonds en dot à son mari sans estimation. Le mari est évince. La femme peut recourir en garantie. Et pourtant elle ne souffre aucun préjudice direct ni actuel par suite de l'éviction, puisque la dot n'a pas été estimée et que le mari ne peut réclamer aucune indemnité à la femme. Mais celle-ci avait un double intérêt à ce que l'éviction n'ait pas lieu : d'abord en raison de son droit éventuel à la restitution de la dot, puis parce que les fruits de l'objet constitué en dot étaient employés aux besoins du ménage. Le recours en garantie est même accordé

(1) L. 51 § 3, D. 21,2.
(2) L. 22 § 1, D. 21,2. L. 75, D. 23,3.

au père (1) de la femme qui a donné en dot au mari le
fonds dont il est évincé. L'affection que le père porte à
sa fille, le désir qu'il a de lui voir conserver sa dot suffisent, aux yeux du jurisconsulte Paul, à justifier ce
recours. Les héritiers de la femme peuvent même
exercer l'action en garantie dans certains cas, à raison
d'une éviction qui ne se produit qu'après le décès de
la femme (2). Cet événement enlève bien en général
aux héritiers de la femme tout intérêt à se plaindre de
l'éviction, puisque la mort de la femme fait gagner la
dot au mari. Mais il peut arriver que la femme ait promis à son mari de lui faire avoir la jouissance libre
du fonds. Les héritiers, tenus d'exécuter cette promesse à la place de la femme, doivent indemniser le
mari évincé. Il est juste dès lors de leur reconnaître le
droit de se retourner eux-mêmes contre celui qui a
vendu le fonds à la femme. Chaque héritier ne peut
d'ailleurs agir que dans la mesure de sa part héréditaire (3).

C'est là une observation générale qui s'applique
toutes les fois que l'action en garantie est exercée par
les héritiers de l'acheteur.

(1) L. 71, D. 21,2.
(2) L. 23, D. 21,2.
(3) L. 4 § 2, D. 45,1.

Section II

Contre qui s'exercent les actions en garantie.

Les actions en garantie s'exercent d'abord contre le vendeur lui-même. Il ne faut pas confondre le vendeur avec celui qui ne fait que consentir à la vente : *Aliud est vendere, aliud vendenti consentire* (1). Ainsi le créancier gagiste, qui autorise son débiteur à vendre l'objet engagé, perd son droit de gage, *creditor qui permittit rem vendere pignus demittit* (2) ; mais là se borne sa déchéance ; il n'est en aucune façon tenu à la garantie. Il en serait autrement si celui qui consent à la vente était propriétaire d'une partie de la chose vendue et en touchait le prix ; il serait considéré, jusqu'à concurrence de cette partie, comme vendeur et partant comme tenu à la garantie.

Quand la vente est faite par un mandataire, c'est lui dans le principe qui devait la garantie, d'après la vieille règle du droit romain qui n'admettait pas la représentation dans les actes juridiques (3). Mais sans aller jusqu'à mettre le mandataire complètement hors de cause, ou en arriver à donner aux tiers qui avaient traité avec le mandataire, une action utile contre le mandant, et par conséquent, dans l'espèce, à permettre

(1) L. 160, D. 50,17.
(2) LL. 158, 159, D. 50,17 ; Cf. LL,4 § 1,7, D. 20,6.
(3) Accarias, *Précis*, t. II, n° 636.

à l'acheteur de recourir contre le vendeur par l'action *utilis ex empto.*

Si la vente a été faite par plusieurs propriétaires d'une chose indivise, nous avons vu que l'obligation de garantie était indivisible. Nous nous bornons à renvoyer à nos développemeuts sur ce point, en rappelant toutefois que les dommages-intérêts se divisent entre les différents vendeurs. La même observation s'applique aux héritiers du vendeur.

L'action en garantie peut encore être exercée contre les fidéjusseurs qui ont cautionné les obligations du vendeur.

SECTION III

Durée des actions en garantie.

Toutes les obligations personnelles étant devenus prescriptibles par trente ans, les actions en garantie ont subi le même sort. Le délai de trente ans commence à courir le jour de l'éviction ; car c'est l'éviction seule qui donne ouverture aux actions en garantie. Il peut arriver quelquefois que les actions en garantie durent très longtemps. La revendication ne peut ordinairement être intentée que pendant un certain délai, à l'expiration duquel elle échoue devant la prescription qui, depuis Justinien, s'opère au bout de trois ans pour les meubles, au bout de dix ou vingt ans pour les immeubles suivant que le propriétaire et le possesseur habitent ou non la même province. La revendication ne pouvant réussir que dans ces délais, l'éviction elle-même ne peut donc se produire plus tard. Une fois l'éviction réalisée, l'action en garantie se prescrit par trente ans. Mais quand la revendication est permise, par exception, pendant un temps indéfini, on peut dire que l'action en garantie est en quelque sorte *perpetua*. Si nous supposons, par exemple, qu'une personne libre a été vendue comme esclave, la liberté étant imprescriptible pourra toujours être réclamée. Si la personne vendue comme esclave recouvre la liberté au bout d'un temps même très long, il y a là une éviction, et l'action en garantie dure pendant trente ans à partir de l'éviction, quelque lointaine d'ailleurs que soit l'époque de la vente. En pareil cas, l'action en garantie est *perpetua*, en ce sens qu'on ne peut assigner à l'avance un délai dans lequel elle doive nécessairement s'exercer, puisque le fait qui lui donne ouverture, est de nature a se produire à une époque indéterminée. En droit commun au contraire, l'exercice de la revendication est limitée quant au temps, et par conséquent on connaît à l'avance le point de départ extrême de l'action en garantie.

Section IV.

Recours en garantie par les actions ex empto *et*
ex stipulatu.
Ressemblances et différences des deux actions.

§ 1. — Conditions du recours en garantie communes aux deux actions.

La première condition pour qu'il y ait lieu à garantie, c'est qu'une éviction se soit produite. Nous avons expliqué plus haut le sens du mot éviction et indiqué les caractères que l'éviction devait présenter pour donner ouverture à l'action en garantie. Nous ne revenons pas sur ce point.

Nous verrons tout à l'heure que l'on s'est montré moins rigoureux pour l'exercice de l'action *ex empto* que pour celui de l'action *ex stipulatu*. Les règles que nous avons tracées sur les caractères de l'éviction s'appliquent seulement dans toute leur intégrité, lorsque l'acheteur recourt par l'action *ex stipulatu*. Mais bien entendu, quelle que soit l'action employée, la garantie suppose une éviction ; nous déterminerons le sens de cette expression relativement à l'exercice de l'action *ex empto*. Rappelons aussi que les parties peuvent, par une convention expresse, restreindre, ou même détruire l'obligation de garantie.

Aucune garantie n'est due lorsque l'éviction peut être imputée à la faute ou à l'imprudence de l'ache-

teur ; il a pu commettre une faute antérieurement à
la vente. Supposons, par exemple, que Primus, qui a
hypothéqué son fonds, le vende à Secundus, que
Secundus le vende à Tertius, auquel Primus le rachète.
Le créancier hypothécaire évince Primus. Celui-ci ne
peut agir en garantie contre son vendeur Tertius. Car
l'éviction a été causée par la faute de Primus lui-
même ; Tertius pourrait le repousser par l'exception
de dol (1). Nous avons déjà cité comme exemples de
fautes commises par l'acheteur postérieurement à la
vente, les cas où l'acheteur fait du fonds vendu un
fonds religieux, abandonne la chose sans intention de
la reprendre, affranchit volontairement l'esclave vendu.

De même, l'acheteur doit observer les conditions
mises à l'exercice de sa possession. S'il a acheté une
esclave en convenant qu'elle serait libre s'il venait à la
prostituer et qu'il la prostitue néanmoins, aucun recours en garantie ne lui est ouvert : car l'éviction qu'il
subit provient de sa faute (2).

Nous avons vu que l'acheteur devait supporter seul
les conséquences de l'erreur du juge : à plus forte raison, l'acheteur ne peut-il recourir en garantie lorsqu'il a perdu son procès par sa propre faute, par
exemple, en ne comparaissant pas, ou bien en négli-
geant de conserver la possession, qui lui aurait assuré
le rôle de défendeur, et l'aurait fait triompher, tandis
qu'il a succombé comme demandeur, n'ayant pu prou-

(1) L. 20, D. 21,2.
(2) L. 34, D. 21,2.

ver sa propriété (1). De même, si l'échec de l'acheteur provient de ce qu'tl n'a pas présenté tous ses moyens de défense, s'il a omis d'invoquer l'usucapion ou la prescription de long temps (2), le vendeur est à l'abri de tout recours. L'acheteur est même déchu de ses droits si l'usucapion ne s'est pas accomplie parce qu'il a laissé sa possession s'interrompre (3). L'éviction reste également à la charge de l'acheteur, lorsqu'il a employé, contre le conseil de son vendeur, un moyen qui n'a pas réussi ; lorsqu'il s'est obstiné, par exemple, à intenter la revendication au lieu de la publicienne, que lui indiquait le vendeur, parce que les conditions de succès sont plus faciles à remplir dans cette dernière action que dans la revendication, et que l'acheteur les remplissait (4).

Lorsqu'un jugement est rendu contre lui en premier ressort, l'acheteur est-il obligé de faire appel pour dégager sa responsabilité vis-à-vis du vendeur? Une distinction s'impose d'abord. Lorsque le vendeur est intervenu dans l'instance, il pouvait interjeter appel si bon lui semblait, et l'acheteur n'est pas responsable de ne pas l'avoir fait (5). Si le vendeur n'est pas intervenu la question est plus délicate. Il paraît rationnel de faire une nouvelle distinction. L'acheteur n'est obligé d'interjeter appel que si le jugement est contraire au droit ;

(1) L. 27 § 1, D. 21.2.
(2) L. 54, D. 21,2 ; L. 19, C. 8.45.
(3) L. 56 § 3, D. 21,2.
(4) L. 2, D. 41,3 ; L. 66, D. 21,2.
(5) L. 63 § 1, D. 21,2 : L. 4 § 3, D. 49,1.

car, dans cette hypothèse seulement, l'appel présente des chances de succès que l'acheteur ne doit pas négliger. Cette solution paraît contredire le texte que nous venons de citer, et d'après lequel l'acheteur semble n'être déchargé de l'obligation de faire appel que si l'éviction s'est produite *venditore præsente*. Mais le paragraphe suivant (1) vient nous fournir un argument très puissant. Il est ainsi conçu : *Si emptor appellavit, et bonam causam vitio suo ex præscriptione perdidit, ad auctorem reverti non potest*. Ainsi l'acheteur ayant fait appel, mais ne l'ayant pas suivi dans le délai voulu, a perdu une bonne cause par sa faute. Le texte déclare qu'il ne peut plus exercer de recours. On s'attache donc à la bonté de la cause pour trancher la question de savoir si l'acheteur est responsable de n'avoir pas suivi sur son appel. La question, si voisine, de savoir si l'acheteur est obligé de faire appel, doit être résolue de la même manière.

Une autre condition indispensable à l'exercice du recours en garantie, c'est que l'acheteur ait dénoncé le procès à son vendeur. En réalité cette obligation se confond avec celle de ne pas commettre de faute. En effet le vendeur a peut-être d'excellents moyens de défense qu'il aurait indiqués à l'acheteur et qui l'auraient fait triompher (2) s'il les avait invoqués. Cette dénonciation est qualifiée par les textes de *litis denuntiatio*, *auctoris laudatio* (3). Ces dernières expressions peu-

---

(1) L. 63 § 2; D. 21,2.
(2) L. 9, C. 8,45.
(3) LL. 29 § 2, 51 § 1, 55 § 1, 63 § 1, D. 21.2; L. 8, C. 8,45.

vent se traduire assez exactement par appel en garantie ;
nous avons vu en effet que le mot *auctor* désigne
notamment le garant, qui vient prêter son concours à
une personne qui le réclame.

A qui doit être faite la *denuntiatio*? Au vendeur
lui-même ou à ses héritiers. Lorsqu'il y a plusieurs
vendeurs ou plusieurs héritiers, la *denuntiatio* doit
être faite à tous et à chacun *in solidum*. Si un seul
néglige de répondre, ce qui est jugé pour ou contre
les autres est également jugé pour ou contre lui ; mais
la condamnation n'est prononcée contre chacun que
jusqu'à concurrence de sa part (1). Nous avons déjà
développé ces idées : l'obligation de garantie est indivisible en tant qu'elle a pour objet de défendre l'acheteur, mais les dommages-intérêts, prononcés par la
condamnation, se divisent entre les différentes personnes tenues à la garantie.

A qui doit être faite la *denuntiatio* lorsque la chose
a fait l'objet de plusieurs reventes successives et que le
dernier acheteur est évincé ? Si le premier acheteur a
cédé ses droits au dernier acheteur, celui-ci doit
dénoncer l'éviction au premier vendeur (2). Mais, en
l'absence d'une cession de cette sorte, le dernier acheteur ne peut passer par dessus la tête de tous les vendeurs intermédiaires pour s'adresser au premier vendeur. Le dernier acheteur devra donc dénoncer à son
vendeur, qui dénoncera lui-même à son vendeur et
ainsi de suite.

(1) LL. 85 § 5, 139, D. 45,1 ; L. 62 § 1, D. 21,2.
(2) L. 59, D. 21,2.

Faut-il faire la dénonciation au fidéjusseur du vendeur? Cela n'est pas nécessaire. Le fidéjusseur est tenu, dès que la dénonciation a été faite au vendeur ou à son héritier, et encore bien qu'il l'ignore (1). Cela tient à ce que la demeure du débiteur constitue le fidéjusseur lui-même en demeure (2). A l'inverse, la dénonciation faite au fidéjusseur ne produit aucun effet, si elle n'est pas faite en même temps au vendeur ou à son héritier.

Par qui doit être faite la dénonciation? Par l'acheteur, ou ses héritiers. Si le vendeur est absent, la personne, qui s'est présentée pour lui comme *defensor*, fera la dénonciation. Mais la chose jugée contre le *defensor* n'est pas jugée contre l'absent. Si donc celui-ci revendique l'objet dont le *defensor* a été évincé, le vendeur est obligé de venir le soutenir dans ce second procès. Pour éviter cela, le vendeur doit exiger du *defensor* la *cautio ratam rem dominum habiturum*, c'est-à-dire la promesse que l'acheteur absent ratifiera les actes de son *defensor* (3).

La nécessité de faire la *denuntiatio* s'impose dans toute espèce d'éviction, totale ou partielle, portant sur la propriété même ou sur un simple droit réel (4). Elle s'impose encore quand bien même le vendeur connaîtrait l'éviction par une autre voie (5), quand bien

(1) L. 7, C. 8,45.
(2) L. 138, D. 45,1.
(3) L. 7,5, D. 3,3.
(4) L. 49, D. 21,2.
(5) L. 20, C. 8,45.

même l'acheteur serait persuadé que la demande intentée contre lui est fondée, car il ignore les moyens
de défense que le vendeur peut avoir. Il existe cependant certaines hypothèses où le recours en garantie ne
nécessite pas de *denuntiatio* préalable. D'abord une
convention préalable a pu en dispenser l'acheteur (1).
Puis l'absence du vendeur décharge également l'acheteur de l'obligation de faire la *denuntiatio*, s'il lui est
impossible de trouver le vendeur (2). Enfin, d'une
façon générale, l'acheteur n'est pas responsable du
défaut de dénonciation, si le vendeur a fait en sorte
de l'empêcher d'avoir lieu (3).

A quel moment doit être faite la dénonciation ? Toute
liberté est laissée à cet égard à l'acheteur ; aucun délai
fatal ne lui est assigné, mais il faut, bien entendu. que
le vendeur ait le temps d'intervenir : *quolibet tempore*
venditori renunciari potest, ut de ea re agenda
adsit : quia non præfinitur certum tempus in ea
stipulatione : dum tamen ne prope ipsam condemna-
tionem id fiat (4). Si la *denuntiatio* n'a pas été faite
en première instance, peut-elle intervenir valablement
en appel ? Oui, mais à condition que les choses soient
encore entières pour le vendeur, que, par exemple, il
ait conservé tous ses témoins (5).

Quels sont les effets de la *denunciatio ?* Elle oblige

(1) L. 43, D. 21,2.
(2) LL. 55 § 1, 56 § 6, D. 21,2.
(3) LL. 55 § 1, 56 § 5, D. 21,2.
(4) L. 29 § 2, D. 21,2.
(5) Arg. L. 6, D. 33,5.

le vendeur à venir défendre l'acheteur ; mais aucune
condamnation n'intervient encore contre le vendeur.
car l'acheteur n'est pas encore évincé et c'est l'éviction
seule qui sert de base au recours en garantie. C'est
donc à l'acheteur qu'il appartient de plaider la question de propriété, soit qu'il ait à repousser la revendication intentée par un tiers, soit qu'ayant perdu la
possession de la chose, il soit obligé d'exercer la poursuite contre le possesseur (1). Il y a donc deux instances accessoires : la première, qui s'engage entre
l'acheteur et le tiers revendiquant ou possesseur ; la
seconde entre l'acheteur évincé et le vendeur. Ce dernier peut cependant intervenir dans le procès concernant la propriété, mais au nom et pour le compte de
l'acheteur à titre de *procurator in rem suam*, ou de
defensor (2). Si le vendeur ne prend pas la défense de
l'acheteur, celui-ci n'en est pas moins tenu de se défendre, sous peine de perdre son recours en garantie,
car il y aurait faute de sa part s'il ne le faisait pas (3).
Mais il conserve d'ailleurs, même en cette hypothèse,
le droit de demander des dommages-intérêts au vendeur *non tanquam re evictá, sed tanquam defensione
non secutá.*

Remarquons d'ailleurs que le vendeur peut toujours,
bien qu'il n'ait pas été appelé par l'acheteur, prendre
sa défense. L'acheteur ne pourrait même empêcher le

(1) L. 1, C. 3,19.
(2) LL. 21 § 2, 66 § 2, D. 21,2.
(3) L. 55, D. 21,2 ; L. 8, C. 8,45.

vendeur de le faire. Il est toujours permis de rendre
meilleure la condition d'une personne, même contre
sa volonté (1). On comprend l'intérêt du vendeur à
prendre ce parti, s'il veut montrer à chacun qu'il a agi
de bonne foi.

Il nous reste, à propos des conditions communes
mises à l'exercice des actions *ex empto* et *ex stipulatu*
une dernière observation à faire. Il faut que l'acheteur
ait intérêt à se prévaloir de l'obligation de garantie.
Si la chose périt entre ses mains par cas fortuit avant
qu'il ait été troublé dans sa possession, c'est lui qui
doit supporter la perte. L'éviction ne pouvant plus se
produire, le vendeur est déchargé de toute obligation (2). Que décider lorsque la chose périt depuis que
l'instance en revendication est intentée contre l'acheteur ? Si l'acheteur gagne son procès, pas de difficulté ;
la perte est à sa charge ; mais comme l'éviction n'a
pas eu lieu, aucun recours en garantie n'est possible.
Si la décision du juge est rendue contre l'acheteur, ce
dernier n'en doit pas moins, malgré la perte de l'objet,
placer le demandeur dans la même situation que si la
sentence avait été rendue au moment de la *litis contestatio ;* il doit restituer au demandeur les fruits et
accessoires qu'a produits la chose depuis la *litis contestatio* jusqu'à la perte, et qui sont compris sous le nom
de *causa.* Il pourra se retourner à cet égard contre le

(1). L. 20, C. 8,45 ; L. 30, D. 3,5.
(2) L. 21, pr. D. 21.2.

F   6

vendeur par l'action *ex stipulatu* (1) et par l'action *ex empto* (2).

Le défaut d'intérêt de l'acheteur l'empêche de recourir dans l'espèce suivante : le vendeur a accepté le mandat de défendre l'acheteur contre la revendication intentée contre lui, et a été condamné faute de restituer l'objet. Dans ce cas l'acheteur garde l'objet, et comme, d'autre part, le vendeur ne peut lui réclamer le remboursement de ce qu'il a payé, l'acheteur n'a aucun motif de recourir en garantie (3). Nous avons déjà rencontré d'autres hypothèses où l'acheteur n'a pas d'intérêt, et partant pas de recours. Lorsqu'il a affranchi l'esclave vendu ou rendu religieux le fonds qui a fait l'objet de la vente, il ne peut plus ensuite être évincé.

§ 2. Conditions spéciales à l'action ex stipulatu

Nous avons vu quelles étaient les conditions nécessaires à l'exercice de tout recours en garantie, quelle que fut l'action employée. Deux actions étaient mises au service de l'acheteur.

L'action *ex stipulatu*, en raison de son caractère de droit strict, n'était jamais accordée que si toutes les conditions que nous avons indiquées, étaient réunies.

(1) L. 16, pr. D. 6,1 ; L. 11, D. 4,7.
(2) L. 2, C. 7,17.
(3) L. 21 § 2, D. 21,2.

Mais il fallait en outre le concours de plusieurs autres conditions.

Au contraire l'action *ex empto*, action de bonne foi, n'exigeait aucune condition nouvelle.

Rappelons d'abord les observations historiques que nous avons présentées au début de ce travail. Ce n'est qu'après une longue évolution que le droit romain finit par appliquer cette idée, très simple en apparence, mais qui fut lente à se dégager, que l'obligation de garantie dérive du contrat de vente lui-même et doit être sanctionnée par l'action même du contrat. On admit longtemps que la garantie ne pouvait découler que de faits indépendants de la vente proprement dite. C'est ainsi que la mancipation, qui intervenait pour exécuter la vente, engendrait l'action *auctoritatis*, et qu'en dehors de la mancipation, une promesse était nécessaire pour obliger à la garantie. La promesse finit par devenir obligatoire et l'acheteur peut l'exiger après coup, lorsqu'elle n'avait pas été faite au moment du contrat. Puis un dernier pas fut fait. La vente étant un contrat de bonne foi, il était juste d'y sous-entendre les clauses d'usage ; et comme la promesse du double était habituelle, elle fut réputée sous-entendue dans toute vente, et l'action dérivant de la vente, l'action *ex empto* suffit à faire obtenir à l'acheteur le double qu'il n'avait jamais stipulé (1).

Ainsi, en nous plaçant dans le dernier état du droit romain, l'acheteur peut recourir en garantie par deux

(1) L. 37 § 2, D. 21,2 ; Paul, *Sent.*, II, 17, § 2 ; Frag. Val., § 8.

actions : d'abord par l'action *ex empto* ; puis par l'action *ex stipulatu*, soit que la promesse eût été tacite au moment du contrat, soit que l'acheteur l'ait exigée après coup. De plus indépendamment de toute promesse concomitante ou même consécutive au contrat, l'acheteur peut réclamer le double par l'action *ex empto* comme si la promesse avait eu lieu. Seulement dans ce dernier cas, comme l'acheteur invoque une promesse sous-entendue, l'action *ex empto* est soumise aux mêmes conditions que l'action *ex stipulatu*.

Abordons maintenant l'étude des conditions spéciales à l'action *ex stipulatu*.

Nous avons eu déjà l'occasion d'étudier la première des conditions spéciales à l'action *ex stipulatu*, quand nous avons déterminé le caractère de l'éviction. Pour donner lieu à la garantie, l'éviction doit résulter d'une sentence judiciaire rendue contre l'acheteur ou ses ayants cause même à titre particulier (1). Cette exigence est conforme au sens étymologique du mot éviction. Mais elle ne fut appliquée dans toute sa rigueur que pour l'action *ex stipulatu*. L'action *ex empto* fut admise d'une façon bien plus large. Il peut se présenter des hypothèses où l'acheteur, sans être évincé par une sentence judiciaire, éprouve une perte équivalente à l'éviction. Si, par exemple, l'acheteur devient l'héritier du propriétaire de l'objet qui lui a été vendu par une autre personne, non seulement il n'est pas évincé, mais l'éviction n'est plus possible. Aussi l'action *ex*

(1) L. 22 § 1, D. 21,2.

stipulatu ne lui est-elle pas attribuée ; mais il peut néanmoins recourir contre le vendeur par l'action *ex empto* : *Si vendideris servum mihi Titii, deinde Titius heredem me reliquerit, Sabinus ait, amissam actionem pro evictione, quoniam servus non potest evinci : sed in ex empto actione decurrendum est »* (1). Si l'action conserve dans ce cas l'action *ex empto*, c'est qu'il se trouve, par la faute du vendeur, avoir payé à ce dernier un prix qui ne représente aucune acquisition. La bonne foi ne peut s'accommoder de ce résultat ; l'acheteur sans doute ne perd pas la chose, mais il la conserve en vertu d'un titre nouveau, étranger à la vente. Ce sont les motifs mêmes donnés par un autre texte relatif à une hypothèse voisine de la première : l'acheteur a racheté l'objet au véritable propriétaire. Il peut recourir contre le premier vendeur par l'action *ex empto « quia nec bonæ fidei convenirem, et ego ex alia causa rem haberem »* (2). Les textes (3) prévoient encore d'autres hypothèses où la même idée s'applique ; notamment la femme, qui reçoit en dot des mains du véritable propriétaire l'objet qui lui a été vendu par un tiers, a le droit de poursuivre ce dernier par l'action *ex empto*.

L'action *ex stipulatu* n'est donnée à l'acheteur que s'il remplit au moment où l'éviction vient le dépouiller, toutes les conditions voulues pour être propriétaire,

---

(1) L. 9, D. 21,2.
(2) L. 29, pr. D. 21,2.
(3) LL. 24, 44 § 1, D. 21,2 ; L. 13 § 5, D. 19,1 ; Paul, II, 17, § 8.

sauf, bien entendu, celle d'avoir traité avec le véritable propriétaire. On sait que la vente ne suffit pas, par elle-même, à transférer la propriété ; il faut que le vendeur accomplisse en outre une formalité différente suivant la nature de l'objet vendu, une mancipation ou une tradition, par exemple ; il faut en outre que l'acheteur ait payé le prix ou fourni une satisfaction équivalente. Tant que toutes ces conditions ne sont pas réunies, l'acheteur n'est pas devenu propriétaire. Si donc il est dépouillé de la chose par un tiers, c'est en réalité le vendeur qui subit l'éviction. L'action *ex stipulatu* n'est donc pas accordée à l'acheteur ; mais il peut recourir par l'action *ex empto* (1).

L'éviction, au sens étroit du mot, ne s'entend que de la perte totale de la chose, ou tout au moins de la perte portant sur une partie homogène et intégranle de la chose vendue. La perte d'une partie indépendante de l'ensemble (2), telle que les produits et accessoires (3), ne donne pas ouverture à l'action *ex stipulatu*, mais seulement à l'action *ex empto*. Concluons par là même que le défaut de contenance de la chose vendue ne constitue pas une éviction ; mais l'acheteur peut invoquer l'action *ex empto*, s'il manque quelque chose à la contenance indiquée (4). Cependant il existe dans les textes des exemples d'éviction se produisant dans des circonstances assez voisines. Le vendeur, sans indi-

(1) Paul, II, 17, §§ 1 et 3 ; L. 11, § 2, D. 19,1 ; LL. 61, 62, pr. D. 21,2.
(2) L. 56 § 2, D. 21,2.
(3) LL. 5, 8, 16 pr., 42, 43, D. 21,2.
(4) LL. 2 pr., 3 § 4, D. 79,1 ; Paul, II, 17, § 4.

quer la contenance, a déclaré les limites du fond. Cette hypothèse peut à son tour se subdiviser. Si le vendeur a spécialement affirmé que personne ne réclamerait et que l'acheteur éprouve ensuite une perte partielle, il y a éviction et le recours en garantie par l'action *ex stipulatu* est possible (1). Nous croyons même qu'il le serait encore, quand bien même le vendeur n'aurait pas spécialement affirmé *ne quis intra eos fines ingrederetur*, mais se serait borné à indiquer les limites du fonds. Cette solution semble découler de plusieurs textes (2). Mais il en serait différemment si le vendeur avait déclaré qu'il vendait le fonds avec ses limites *finibus suis*. Dans ce cas, le vendeur a cédé ses droits tels qu'ils existaient, avec leur étendue ; la fixation des limites n'est plus qu'une simple indication, qui n'oblige pas le vendeur à garantir une contenance déterminée. Cependant, le vendeur de mauvaise foi, qui connaît l'inexactitude des limites qu'il indique, commet un dol dont il est responsable. En dehors du cas de dol, lorsque le vendeur a cédé le fonds *finibus suis*, le procès qu'on lui intenterait au sujet de la contenance, ne pourrait réussir : suivant l'expression du texte, il ne regarderait pas le vendeur, *lis finalis ad venditorem non pertinet*.

§ 3. — **Effets** de l'action ex empto.

Une première observation à faire au sujet de l'action

(1) L. 10, C. 8,45.
(2) LL. 4, 5, 19 pr. et § 1, D. 21,2 ; L. 43, D. 18.1.

ex empto, c'est qu'elle est une action de bonne foi, et que par conséquent le pouvoir d'interprétation du juge est plus large que dans l'action *ex stipulatu*, qui est une action de droit strict.

Voici, en effet, comment Justinien définit le rôle du juge dans les actions de bonne foi : *In bonæ fidei judiciis, libera potestas permitti videtur judici ex æquo et bono œstimandi quantum actori restitui debeat* (1). C'est là une idée générale, féconde en applications pratiques, qu'il n'entre pas dans notre sujet d'indiquer. Nous nous bornerons à étudier en détail le montant des condamnations prononcées par le juge de l'action *ex empto*. Ajoutons que cette dernière action, comme toutes les actions de bonne foi, est nécessairement *incerta*, en raison même de ce pouvoir d'appréciation reconnu au juge. On ne peut donc déterminer exactement à l'avance la somme que le vendeur devra payer.

Comment le juge fixera-t-il la réparation due par le vendeur à l'acheteur ?

Cette réparation doit être égale au préjudice que l'acheteur éprouve par le fait de l'éviction : *Id quanti interest rem emptoris non evictam esse* (2). Ce n'est donc pas le prix de vente qui sert de base à la réclamation de l'acheteur, mais la valeur de la chose au moment de l'éviction. D'une façon plus précise encore, l'acheteur obtient une somme égale à la perte qu'il

(1) Inst, liv. IV, tit. 6 § 30.
(2) L. 23, C. 8,45; Cf. LL. 43, 60, 70, D. 21,2.

subit et aux gains qu'il a manqué de réaliser : *In quantum mea interfuit : id est, quantum mihi abest, quantumque lucrari potuit* (1). L'acheteur doit donc obtenir une somme d'argent égale à la perte qu'il éprouve en nature. Si la chose a été accrue d'une alluvion, ou si l'usufruit dont la chose était grevée a fait retour à la nue propriété, le vendeur doit tenir compte à l'acheteur de ces augmentations de valeur (2). De même, l'indemnité comprendra encore les acquisitions dont l'acheteur aurait profité à l'occasion de la chose vendue, si l'éviction n'avait pas eu lieu, par exemple, le part d'une esclave et l'hérédité léguée à l'esclave et dont celui-ci avait fait adition par son ordre (3). Il arrivait même quelquefois que, dans le calcul de l'indemnité, on tenait compte du simple intérêt d'affection que la chose présentait pour l'acheteur (4).

On voit que l'indemnité a pour fondement l'intérêt de l'acheteur, et qu'elle peut être très supérieure au prix de vente. Elle peut aussi être inférieure lorsque la chose aura diminué de valeur depuis la vente. Au contraire, d'après l'art. 1631 du Code civil, quand la valeur de la chose est moindre au jour de l'éviction qu'elle n'était au jour de la vente, le vendeur n'en doit pas moins restituer la totalité du prix. En droit français le remboursement du prix est le minimum des réparations auxquelles peut être tenu le vendeur qui doit

(1) L. 13, D. 46,8.
(2) L. 16 pr., D. 21,2.
(3) L. 8, D. 21,2.
(4) L. 24, D. 17,1 ; L. 71. D. 21,2 ; L. 9 § 2, D. 40,7.

en outre une indemnité, si la chose se trouve avoir augmenté de valeur. On a prétendu, mais cette opinion est abandonnée aujourd'hui (1), que la même solution devait être admise en droit romain. Elle serait contraire aux principes romains. En pure logique l'éviction ne résout pas le contrat, mais ce contrat se trouve inexécuté, et pour réparer les conséquences de cette inexécution, il faut apprécier le préjudice qu'elle fait subir réellement à l'acquéreur. Au point de vue de l'équité, cette solution est incontestable : d'une part, en effet, l'acheteur, tout indemnisé qu'il est du dommage actuel qu'il éprouve, n'en perd pas moins la chance des plus-values futures de la chose ; d'autre part, le vendeur profite de la vente, puisqu'il conserve un prix supérieur à la valeur que la chose représentait pour lui, si elle était encore entre ses mains.

Quoi qu'il en soit, la solution que nous donnons est imposée par les principes. La doctrine opposée serait contraire à la règle qu'après la vente les risques de la chose vendue, et par conséquent les chances de dépréciation passent à la charge de l'acheteur (2). On objecte cependant que l'obligation de payer le prix a pour cause l'acquisition de la chose vendue, et que, l'éviction enlevant la chose à l'acheteur, le prix devient sans cause entre les mains du vendeur ; donc, dit-on, l'acheteur peut toujours réclamer le remboursement du prix. Mais le vendeur n'est pas obligé de transférer la

---

(1) V. Accarias, *Précis*, t. II, n° 606 en note.
(2) *Inst.*, III, 23 § 3.

propriété ; il s'oblige seulement à faire avoir la chose. Les deux obligations, qui dérivent du contrat, sont indépendantes dès qu'elles ont pris naissance. Si le vendeur n'exécute pas son obligation, l'acheteur n'en est pas moins tenu de payer le prix ; et comme le vendeur n'a pas exécuté, l'acheteur obtient tout le préjudice, mais le préjudice seulement, qu'il éprouve par suite de cette inexécution. Toutefois, il faut combiner ces idées avec l'obligation que prend le vendeur de ne pas commettre de dol. Lorsque le vendeur a été de mauvaise foi, il doit restituer le prix, quand bien même la chose aurait été détériorée ou même détruite depuis la vente (1).

Ainsi l'acheteur n'est pas assuré dans tous les cas de recouvrer le prix qu'il a payé. Le montant de la condamnation se mesure en principe à l'intérêt que l'acheteur avait à n'être pas évincé.

A quel moment faut-il se placer pour apprécier cet intérêt? Au moment de l'éviction. Si la chose a conservé la même valeur qu'elle avait au jour de la vente, la condamnation sera égale au prix. Supposons que la chose ait augmenté de valeur. Cette augmentation profite à l'acheteur, si elle résulte d'une hausse générale des biens, d'une cause économique indépendante de sa volonté. Si l'augmentation provient des améliorations faites par l'acheteur, le vendeur doit lui tenir compte de la plus-value produite par ces améliorations. Remarquons que la condamnation porte sur la plus-

(1) Arg. LL. 21 et 29, D. 21,2.

value et non sur les dépenses faites par l'acheteur, et
que, par conséquent, l'acheteur obtiendra, suivant les
cas, une somme égale, supérieure ou même inférieure
à ses dépenses. En effet, quel que soit le rapport existant entre la plus-value et les dépenses, celles-ci ont
été faites d'une façon définitive et si l'acheteur conservait la chose, il profiterait, non pas des dépenses elles-
mêmes, mais de la plus-value qu'elles ont produite.
Dès lors il est juste qu'en cas d'éviction, l'acheteur
obtienne cette plus-value, mais cette plus-value seule.
Cependant on admet, par tempérament d'équité, que
si les dépenses ont amené une plus-value extrêmement
importante et impossible à prévoir, le vendeur ne doit
pas en payer le montant intégral. La condamnation est
toujours limitée au double du prix (1).

Les règles que nous venons d'exposer, ne reçoivent
leur application complète que si l'acheteur a revendiqué la chose contre un tiers possesseur qui a triomphé. Mais elles sont différentes lorsque l'acheteur a été
évincé à la suite d'une revendication intentée par un
tiers et dans laquelle il jouait le rôle de défendeur.
Dans ce cas l'acheteur peut se faire rembourser, par le
revendiquant, les dépenses nécessaires qu'il a faites
pour assurer la conservation de la chose et les dépenses
utiles jusqu'à concurrence de la plus-value, si elle est
inférieure aux dépenses, et des dépenses, si elles sont
inférieures à la plus-value. L'acheteur opposera à cet
effet au revendiquant l'exception de dol (2) ; mais s'il

(1) LL. 43, 44, D. 19,1.
(2) L. 45 § 1, D. 19,1.

néglige d'invoquer cette exception, il commet une faute, et, par conséquent, perd tout recours contre le vendeur. S'il l'oppose, il ne peut davantage réclamer du vendeur le montant de ses dépenses, puisqu'il l'a déjà reçu des mains du revendiquant.

Mais que décider si les dépenses utiles dépassent la plus-value? L'acheteur qui n'a pu obtenir du revendiquant l'excédent de dépenses, peut-il le réclamer au vendeur? Oui, si le vendeur est de mauvaise foi. Non, si le vendeur est de bonne foi. C'est la règle que nous avons déjà admise dans l'hypothèse où l'acheteur a échoué dans la revendication intentée par lui. En effet, les dépenses sont exposées une fois pour toutes dès l'instant qu'elles sont faites ; et s'il arrive que la plus-value n'atteigne pas les dépenses, c'est là une perte absolument indépendante de l'éviction, et dont l'acheteur doit supporter définitivement les conséquences.

Quand l'éviction est partielle, plusieurs hypothèses doivent être distinguées.

Si l'éviction résulte de l'obligation de supporter une charge imposée au fonds, on applique les mêmes principes qu'au cas d'éviction totale : l'acheteur obtient une indemnité basée sur l'intérêt qu'il avait à ne pas supporter la charge.

A l'inverse si l'éviction porte sur un avantage sur lequel l'acheteur était en droit de compter au moment de la vente, la condamnation est égale à l'intérêt que l'avantage perdu présentait à l'acheteur (1).

(1) L. 15 § 1, D. 21,2.

Supposons maintenant une perte matérielle. Si l'éviction porte sur une portion indivise de la chose vendue, on estime la valeur totale et l'acheteur obtient une quote-part de cette valeur correspondant à l'importance de la portion perdue (1). Si l'éviction porte sur une part divise, on apprécie la valeur de cette part, considérée en elle même comme objet distinct et sans rechercher la valeur relativement à l'ensemble (2).

§ 4. Effets de l'action ex stipulatu

L'action *ex stipulatu* est une action de droit strict, et par conséquent le juge n'est pas investi d'une mission aussi large que pour l'action *ex empto*. Il doit se borner à rechercher si les conditions mises à l'exercice de se trouvent réunies. Ajoutons que l'action *ex stipulatu* est *certa*. c'est-à-dire que le montant de la condamnation est fixé à l'avance, sans qu'il soit permis au juge d'y rien ajouter, ou retrancher. Il y a là une sorte de forfait, représentant les dommages-intérêts que l'acheteur est en droit de réclamer pour réparer l'éviction. La condamnation doit égaler la promesse qui est ordinairement du double du prix, mais ne peut jamais excéder le quadruple.

On voit par là combien l'action *ex stipulatu* diffère de l'action *ex empto* puisque dans cette dernière action on se préoccupe du préjudice réel éprouvé par l'ache-

(1) L. 1, D. 21,2.
(2) LL. 1, 64, D. 21,2.

teur au moment de l'éviction. Cette différence amène une observation. L'acheteur a intérêt à invoquer l'action *ex empto*, lorsque le préjudice subi s'élève, en raison des améliorations survenues, à plus du double du prix ; en d'autres termes quand la plus-value produite par les améliorations est supérieure au prix de vente. Au contraire l'action *ex stipulatu* sera préférable, quand il n'y aura pas d'amélioration ou que celles qui existent seront inférieures en valeur au prix de vente.

L'action *ex stipulatu* n'est possible en principe que si l'éviction est totale et alors pas de difficultés pour fixer le montant de la condamnation : il sera égal au double du prix.

Nous avons vu plus haut que l'éviction partielle ne donnait pas ouverture à l'action *ex stipulatu*. Mais les textes, que nous avons cités, sont relatifs à l'éviction d'une partie hétérogène et accessoire, telle que le part des esclaves.

On admet généralement que, malgré le caractère rigoureux et strict de l'action *ex stipulatu*, la condamnation est encourue lorsque l'éviction porte sur une partie homogène de l'objet.

Dans cette opinion comment fixera-t-on le montant de la condamnation ?

Lorsque la portion, dont l'acheteur a été évincé est une portion divise, il faut rechercher pour combien elle a été comprise dans le prix de vente et condamner le vendeur à payer le double de cette somme.

Lorsqu'il s'agit d'une portion indivise, la condamnation est égale au double d'une fraction du prix égale à la fraction de la chose, qui a fait l'objet de l'éviction. Si l'acheteur est évincé du quart de la chose, il recevra du vendeur la moitié du prix.

En terminant cette étude de l'action *ex stipulatu*, résumons en quelques mots les différences qui séparent les deux actions de garantie.

Tout d'abord les conditions d'exercice des deux actions ne sont pas les mêmes : l'action *ex stipulatu*, indépendamment des conditions nécessaires à tout recours en garantie, exige un certain nombre de conditions spéciales et plus rigoureuses.

Les deux actions ne se séparent pas moins quant à leurs effets. L'action *ex empto* est de bonne foi et *incerta ;* l'action *ex stipulatu* est de droit strict et *certa*. Le montant de la condamnation, dans l'action *ex stipulatu*, est fixé à l'avance d'une manière invariable, tandis que dans l'action *ex empto* il se mesure sur le préjudice réellement éprouvé par l'acheteur à la suite de l'éviction. Cette différence de résultats produit cette. conséquence que l'exercice de chacune des deux actions peut être, suivant les cas, plus avantageux que l'exercice de l'autre. On sait que l'action *ex stipulatu*, après avoir longtemps découlé exclusivement d'une promesse formelle, finit par être en quelque sorte comprise virtuellement dans l'action *ex empto*. Mais l'action *ex empto* n'absorba jamais complètement l'action *ex stipulatu :* car les différences que nous avons signalées ont continué de subsister, et l'acheteur eût toujours un choix à faire entre les deux actions, qui répondaient chacune a des situations et à des besoins différents (1).

Section V.

Théorie de l'exception de garantie.

L'obligation de garantie n'était pas seulement sanctionnée par les actions que nous venons d'étudier, mais par des exceptions, dont le principe est souvent résumé dans cette formule : *Quem de evictione tenet actio eumdem agentem rejellit exceptio*. Qui doit garantir ne peut évincer.

Il y aurait contradiction à ce que le vendeur tenu d'indemniser l'acheteur troublé par un tiers, pût troubler lui-même celui qu'il était chargé de defendre. Aussi l'acheteur doit-il avoir les moyens de repousser cette attaque injuste du vendeur. Quels sont ces moyens ?

Lorsque l'acheteur est en présence du vendeur lui-même ou de son ayant cause à titre universel, l'exception de dol lui suffit. En effet le vendeur ou son ayant cause commet un dol en venant revendiquer la chose vendue.

Mais l'exception de dol ne suffit plus si la revendication est intentée par une personne de bonne foi. Supposons par exemple que le vendeur ait vendu successivement à deux personnes une chose *mancipi*, ait livré

---

(1) Maynz, II, p. 195 et suiv

F

la chose au premier acheteur et l'ait mancipé au second. Si ce dernier est de bonne foi, le premier acheteur ne peut repousser par l'exception de dol la revendication qu'il intente. Pour remédier à cet inconvénient, le droit prétorien produisit une nouvelle exception, l'exception *rei venditæ et traditæ* destinée à venir en aide à l'acheteur qui ne pourrait invoquer l'exception de dol, mais qui fut appliquée d'une façon plus générale.

Quelles sont les personnes auxquelles peut être opposée l'exception *rei venditæ et traditæ?* Au vendeur d'abord, s'il est devenu propriétaire du fonds qu'il a vendu et livré, alors qu'il appartenait encore à autrui (1). A l'héritier du vendeur, lorsque, par exemple, le véritable propriétaire du fonds devient l'héritier du vendeur (2). Au successeur particulier du vendeur à titre onéreux comme à titre gratuit, car il est soumis à toutes les exceptions que l'on pourrait opposer à son auteur (3). Quant au fidéjusseur du vendeur, il est tenu à la garantie, et ne peut évincer lui-même l'acheteur qu'il est chargé de défendre à la place du vendeur ; mais comme il n'a rien vendu ni livré personnellement, ce n'est pas l'exception *rei venditæ* qui sera accordée contre lui, mais l'exception de dol. Quant à l'héritier du fidéjusseur est-il soumis à la même règle que le fidéjusseur lui-même? Cela serait logique. Cependant un texte semble bien contredire cette solution : *Here-*

(1) LL. 1 pr. 17, 21 § 3, D. 21,2.
(2) L. 1 § 1, D. 21,3 ; L. 73, D. 21,2.
(3) L. 72, D. 6,1 ; L. 4 § 32, D. 44,4.

dem fidejussoris rerum, pro quibus defunctus apud emptorem intercesserat pro venditore factum ejus, cui successit, ex sua persona dominium vindicare non impedit : scilicet evictionis causa durante actione.

Une dernière catégorie de personnes, à laquelle peut être opposée l'exception *rei venditæ et traditæ*, comprend les mandataires. Un texte suppose en effet qu'une personne a vendu, sur le mandat d'un propriétaire apparent, une chose qui lui appartenait, à elle mandataire. Si elle n'a pas livré, l'acheteur peut la forcer à le faire par l'action *ex empto*. Si elle a livré, la revendication qu'elle intente postérieurement échoue devant l'exception *rei venditæ et traditæ*. L'exception peut d'ailleurs être également opposée au mandant, mais seulement dans les limites du mandat qu'il a donné.

Telles sont les personnes qui peuvent être repoussées par l'exception *rei venditæ et traditæ*. Quant aux personnes auxquelles cette exception est accordée, ce sont toutes celles qui pourraient agir en garantie.

Terminons en disant que si le vendeur a une juste cause de revendication, telle que le non payement du prix, il peut repousser à son tour l'exception par une réplique : *Nam etsi tradiderit possessionem fuerit autem justa causa vindicanti, replicatione adversus exceptionem utetur.*

CHAPITRE III

Extinction de l'obligation de garantie.

L'obligation de garantie prend fin dans des hypothèses que nous avons eu occasion d'indiquer dans le cours de notre travail et que nous rappelons ici.

Quand l'éviction ne peut plus se produire, l'obligation de garantie s'éteint forcément. Voici des applications de cette idée. L'acheteur consent à ce qu'un mort soit enseveli dans le terrain vendu ; il affranchit l'esclave vendu ou cet esclave meurt ; l'acheteur abandonne la chose *pro derelicto*, c'est-à-dire sans intention de la reprendre. Dans tous ces cas l'éviction ne peut plus se produire et partant l'obligation de garantie ne peut plus produire d'effets.

L'inscription de la chose par l'acheteur est une cause très fréquente d'extinction de l'obligation de garantie.

Si l'acheteur néglige d'invoquer l'usucapion ou la prescription de long temps qui lui est acquise, il commet une faute qui décharge le vendeur. Si l'acheteur invoque ce moyen et succombe quand même par suite de l'erreur du juge, le vendeur est encore dégagé de toute obligation de garantie, car l'acheteur doit supporter sans recours les conséquences de l'erreur du juge.

On peut donc dire que l'usucapion ou la prescription accomplie éteignent toujours l'obligation de garantie, que l'acheteur se soit ou non prévalu de ce moyen de défense.

Quant à l'action en garantie, une fois née par l'éviction, elle se prescrit par trente ans.

L'acheteur perd tout recours en garantie lorsqu'il est évincé par sa faute, lorsqu'il ne dénonce pas au vendeur le procès intenté contre lui.

Si l'acheteur a dirigé une action contre le possesseur, et échoué devant une exception qui lui était personnelle, aucun recours en garantie ne lui est ouvert (1). La solution contraire prévaudrait si l'exception avait été tirée *ex personâ venditoris*. Si le possesseur a invoqué à la fois des exceptions tirées les unes *ex personâ emptoris*, les autres *ex personâ venditoris*, il faudrait rechercher celles qui ont entraîné la conviction du juge.

La confusion est encore une cause d'extinction de l'obligation de garantie. Elle se produit lorsque deux qualités contraires, spécialement ici celles de vendeur et d'acheteur se réunissent sur la même tête ; ce qui arrive si l'acheteur devient l'héritier du vendeur ou réciproquement.

(1) LL. 27, 28, D. 21,2.

La garantie cesse encore lorsque l'éviction résulte d'un fait qu'il n'était pas au pouvoir des parties d'empêcher. Nous avons déjà cité le cas où l'éviction provient de l'erreur du juge. De même le vendeur est libéré de toute garantie, lorsque l'objet périt par cas fortuit (1), et même encore lorsque l'éviction a pour cause le fait du prince, c'est-à-dire un acte de l'autorité publique s'imposant aux particuliers.

Enfin, l'obligation de garantie s'éteignait tout naturellement lorsque le tiers, qui avait triomphé en justice contre l'acheteur, n'usait pas de ses droits contre lui et ne le troublait pas dans sa possession. Dans cette hypothèse, en effet, l'acheteur conservait la chose : il n'était donc pas évincé (2).

(1) L. 26, C. 8,45.
2) L. 57, D. 21,2.

DROIT FRANÇAIS

DE LA
COMPÉTENCE DES TRIBUNAUX FRANÇAIS
A L'ÉGARD DES ÉTRANGERS
EN MATIÈRES CIVILE ET COMMERCIALE

INTRODUCTION

La compétence est l'aptitude d'un juge à connaître d'une action ou d'une défense.

L'incompétence est l'état d'un juge qui ne peut connaître d'une action ou d'une défense.

La compétence et l'incompétence sont absolues ou *ratione materiæ*, relatives ou *ratione personæ*.

La compétence *ratione materiæ*, ou absolue est le droit pour les tribunaux qui appartiennent à un ordre de juridiction de connaître d'une affaire à l'exclusion des tribunaux d'un autre ordre.

La compétence *ratione personæ* ou relative est le

droit pour les tribunaux qui appartiennent à un ordre
dè juridiciion de connaître d'une affaire à l'exclusion
des tribunaux du même ordre.

Un tribunal sera incompétent *ratione materiæ* pour
les affaices attribuées à un ordre de juridiction auquel
il n'appartient pas ; il sera incompétent *ratione personæ* à l'égard des procès qui relèvent d'un autre tribunal du même ordre.

Nous voulons dans ce travail étudier la compétence
des tribunaux français à l'égard des étrangers, c'est-à-
dire, rechercher les règles aux termes desquelles un
tribunal français devra connaître ou se dessaisir d'une
action mettant en jeu les intérêts d'un étranger plaidant, soit contre un français, soit contre un autre
étranger.

Les principales dispositions législatives concernant
spécialement le droit des étrangers à la justice française ou leur obligation de s'y soumettre se trouvent
dans les articles 3, 14 et 15 du Code civil, auxquels on
peut joindre les articles 16 du même Code et 166, 167
et 423 du Code de procédure civile.

Mais il y a lieu de tenir compte dans de nombreuses
circonstances, pour l'application des dispositions qui
précèdent, des clauses de divers traités et conventions
diplomatiques intervenus entre la France et différentes
nations ; nous les signalerons et les étudierons au fur
et à mesure que nous les rencontrerons dans le cours
de notre travail.

Dès maintenant et comme considération générale, il
convient de rappeler la nature de chacune des actions

auxquelles peut donner lieu une contestation judiciaire devant un tribunal français.

Elle aboutit nécessairement, soit à une action réelle, soit à une action personnelle, soit à une action mixte.

L'action est réelle quand le demandeur ne fait valoir aucune espèce de créance contre le défendeur, se base seulement sur une relation existant entre lui et une chose, n'actionne le défendeur qu'accidentellement comme possesseur de la chose.

L'action est personnelle, quand le demandeur agit en vertu d'une obligation et qu'il allègue que le défendeur est lié envers lui par une convention expresse ou tacite, un délit ou un quasi délit.

L'action mixte réunit, comme son nom l'indique, les éléments des deux autres actions.

Toute contestation devant un tribunal français donne donc lieu à l'une de ces trois actions, soit que le différend s'élève entre français et étranger, soit qu'il s'élève entre étrangers.

Nous examinerons donc en deux chapitres distincts.

1° Les contestations entre français et étrangers :

2° Les contestations entre étrangers.

CHAPITRE PREMIER

Contestations entre Français et Etrangers

I. — ACTIONS RÉELLES.

L'action réelle peut porter sur des immeubles ou sur des meubles.

Lorsque l'action réelle est mobilière on applique les principes de compétence qui régissent les actions personnelles et que nous exposerons plus loin, c'est-à-dire les articles 14 et 15 du Code civil, ainsi que les règles ordinaires de la procédure en la matière.

On est, en effet, généralement d'accord pour admettre que les meubles s'attachent à la personne à laquelle ils appartiennent et sont régis par sa loi nationale. Le silence du Code permet de penser que telle a été l'intention de ses rédacteurs et la jurisprudence (1) a consacré cette doctrine.

Si l'action réelle est immobilière et porte sur des

(1) Pau 19 janvier 1872.

immeubles situés en France, la compétence des tribunaux français est certaine.

C'est là *lex rei sitœ* admise dans toutes les législations; sauf cependant par le Code civil italien qui
consacre une exception en décidant (art. 8) que les
immeubles italiens, en matière de succession, sont soumis à la loi nationale du défunt.

Les contestations relatives aux immeubles doivent
donc être jugées par le tribunal de la situation de
l'objet litigieux. Il en sera d'ailleurs ainsi, soit que la
contestation surgisse entre français et étrangers, soit
qu'elle s'élève entre étrangers ; cette doctrine est consacrée par divers traités et notamment par la Convention du 15 juin 1869 entre la France et la Suisse.

Les tribunaux français, quelle que soit la nationalité
des parties, seront donc compétents pour connaître de
toutes les actions réelles immobilières et juger toutes
les contestations sur la propriété d'un immeuble, la
jouissance d'un usufruit ou d'une servitude, sur le
mode d'acquérir la possession, la validité d'un privilège
et d'une hypothèque, la prescription et les actions pos-
sessoires. Ils seront également compétents pour connaître de la transmission des biens immobiliers par
succession *ab intestat* ou testamentaire, alors même
que tous les intéressés sont étrangers.

Nous aurons à développer ce point en traitant plus
tard, d'une manière spéciale, de la compétence de nos
tribunaux au sujet des contestations entre étrangers.

II. — ACTIONS MIXTES.

Les actions mixtes participent des actions réelles et des actions personnelles : elles réunissent les deux éléments de réalité et de personnalité. Elle pourront donc être considérées, suivant les cas, soit comme actions réelles, soit comme actions personnelles.

Si l'action mixte a rapport à un immeuble situé en France, les tribunaux français seront compétents pour en connaître. C'est ainsi qu'ils statueront sur une demande en partage d'un immeuble situé en France et compris dans la succession d'un étranger, décédé dans son pays (1).

S'il s'agit d'un immeuble situé en pays étranger, les tribunaux français ne pourront en connaître que si, en considérant cette action comme personnelle, elle rentre dans leur compétence au point de vue des actions personnelles. Ainsi nos tribunaux pourront statuer sur une demande en partage d'une succession ouverte à l'étranger et formée par un français contre ses cohéritiers (2) étrangers, en vertu de l'art. 14 du Code civil.

III. — ACTIONS PERSONNELLES

Les actions personnelles, nous l'avons déjà dit, pren-

(1) Colmar, 12 août 1817 ; Cass, 22 mars 1865.
(2) Douai, 3 avril 1848 ; Nancy, 10 juin 1874 ; Seine, 13 nov. 1874.

nent leur source dans une convention expresse ou ta
cite, ou dans une obligation qui, liant le défendcur au
demandeur, ne peut se concevoir séparée de la personne obligée :

Les principes de compétence pour cette classe d'actions, sont établis par les articles 14 et 15 du Code civil
qui réglementent les deux cas que nous allons successivement étudier.

1° Le français est demandeur contre un étranger ;

2° L'étranger est demandeur contre un français.

Nous rappelons, avant d'aller plus loin, que, ainsi
que nous l'avons déjà indiqué, les règles de compétence qui régissent les actions personnelles dont nous
nous occupons en ce moment, sont applicables aux actions réelles mobilières.

Section I

Français demandeur contre un étranger.

§ 1. — Considérations sur l'art. 14 du Code civil.

Dans le cas d'une action intentée par un français
contre un étranger, il y a lieu de se conformer à l'article 14 du Code civil ainsi conçu :

« Art. 14. — L'étranger, même non résidant en
France, pourra être cité devant les tribunaux français
pour l'exécution des obligations par lui contractées en
France avec un français ; il pourra être traduit devant

les tribunaux de France pour les obligations par lui contractées en pays étranger envers des français. »

Cet art. 14, dont le fond a été et est encore si justement critiqué, est aussi bien défectueux dans sa forme. Pourquoi deux membres de phrase, qui semblent faire prévoir deux solutions différentes et donnent la même pour les deux cas prévus : celui de l'étranger contractant en France et celui où il contracte à l'étranger, ce qui résume toutes les hypothèses possibles ? Dans l'un et l'autre cas, l'étranger est justiciable des tribunaux français. Pourquoi ne pas l'avoir dit plus simplement et plus clairement. Le vice de rédaction de l'article 14 s'explique par une de ces distractions bizarres dont les législateurs ne sont point exempts. Dans le projet primitif de cet article, on distinguait, comme on le fait encore sans raison, les obligations contractées en France de celles contractées en pays étranger. Mais dans ce dernier cas la compétence des tribunaux français n'était reconnue seulement dans le cas où l'étranger *était trouvé* sur le territoire de France. Les mots : *s'il est trouvé en France* furent supprimés à la suite d'une conférence entre le Conseil d'Etat et le Tribunat : le reste de la phrase fut maintenu sans aucune raison.

Il n'en a pas fallu cependant davantage pour donner naissance à une opinion qui consiste à prétendre que le mot *traduit* a conservé son sens primitif et que l'étranger pourra être cité devant les tribunaux français pour une obligation contractée hors de France, seulement dans le cas où il serait trouvé lui-même sur notre territoire. Empressons-nous de dire qu'une pareille interprétation n'est pas soutenable. Les auteurs, comme MM. Merlin, Aubry et Rau, Bonfils, en ont fait justice et la Cour de Cassation, notamment en ses arrêts des 7 septembre 1808 et 1er juillet 1829 a déclaré avec raison que la disposition de l'article 14 était unique et que l'étranger pouvait être cité devant les tribunaux français pour une obligation contractée à l'étranger alors même qu'il ne serait point trouvé en France.

Il est donc certain que, quoique le disant mal, l'article 14 dit clairement ce qu'il veut. Sa disposition, dans le premier cas prévu, c'est-à-dire lorsque l'obligation a été contractée en France, est acceptable ; il n'y a rien d'extraordinaire, d'anormal ou de contraire à la justice, à ce que nos tribunaux connaissent des obligations contractées en France par un étranger envers un français. C'est la compétence *forum contractus* admise partout.

Mais nous ne pouvons approuver la deuxième disposition de l'article 14 qui soumet à la juridiction de nos tribunaux un étranger, même pour une obligation contractée à l'étranger. Il est impossible d'admettre que, par un esprit de protectionnisme outré, on en arrive à imposer à une personne quelconque des lois et des juges qui lui sont absolument inconnus ; il y a là comme une surprise indigne d'un législateur et en contradiction flagrante avec la loyauté française ; car l'étranger ne peut être censé connaître nos lois ; lorsqu'il contracte dans son pays, même avec un français, il doit croire bien naturellement que c'est ce dernier qui doit se soumettre aux lois du pays où il se trouve, et non lui, aux lois et juges de France.

Nous savons bien qu'on est parti de cette idée que notre législation était la meilleure, qu'on ne pouvait que nous envier notre magistrature, que tout étranger serait fier d'être autorisé à lui soumettre ses contestations judiciaires. Nos législateurs se sont trompés ; il s'est trouvé que l'étranger tenait à ses lois propres, à ses tribunaux et ne s'inclinait pas avec l'empressement qu'on attendait de lui devant les décisions de nos cours de justice. Tout au contraire il est arrivé que, le plus souvent, sinon toujours, les juridictions étrangères refusaient de donner la force exécutoire aux jugements rendus par nos tribunaux contre leurs nationaux en vertu de l'article 14.

On a essayé de dire, pour justifier la disposition que nous condamnons, qu'elle constituait une réciprocité dérivant de l'article 15. Cela n'est pas sérieux ; l'article 15 est fait dans l'intérêt du français défendeur et l'article 14 est aussi dans son intérêt lorsqu'il est demandeur ; c'est une singulière réciprocité où l'une des parties reçoit tout et ne donne rien. De plus, en vertu de l'article 15, l'étranger doit citer le français devant ses juges naturels et l'article 14 autorise le français à enlever les siens à l'étranger.

Il n'y a donc pas de justification possible. Et cela est tellement vrai que cet article 14 est appelé à disparaître prochainement de notre législation. La compétence qu'il édicte ne sera plus applicable que dans des cas exceptionnels.

Le projet de réforme du Code de Procédure civile, appliquant à l'étranger le principe *Actor sequitur forum rei*, édicte comme règle générale que l'étranger doit être assigné en appliquant les règles qui régissent les actions intentées à un français. Mais le projet ajoute, cependant, « que l'étranger qui n'a en France ni domicile, ni résidence, peut être assigné par un français devant le tribunal du domicile du demandeur, même à raison d'obligations qui n'ont pas pris naissance et ne sont pas exécutoires en France, lorsque, d'après la législation du pays auquel ressortit l'étranger, les tribunaux de son pays seraient incompétents ou lorsqu'un français pourrait, dans les mêmes conditions, être cités devant ces tribunaux. »

Quoi qu'il en soit, l'article 14 existe et nous devons étudier les conditions diverses dans lesquelles il y a lieu de l'appliquer.

§ 2. — Qui peut invoquer l'article 14.

Tout français ayant contracté avec un étranger, peut invoquer le bénéfice de l'article 14 ; le texte de cette disposition est formel et ne paraît pas laisser place à aucune difficulté. Cependant, des doutes ont été émis sur certains cas particuliers.

On s'est demandé, par exemple, s'il fallait que le français fût domicilié en France pour jouir du privilège de notre article. On a soutenu l'affirmative, même avec des arrêts de la Cour de Paris, des 28 février et

F   8

20 mars 1834, en se basant sur ce que les considérations qui ont inspiré les dispositions de l'article 14
n'existeraient plus dans le cas qui nous occupe : le
français, en effet, qui réside à l'étranger, n'a pas à se
déplacer pour obtenir un jugement là où se trouve le
défendeur ; il ne peut se plaindre d'être obligé de se
soumettre aux lois d'un pays dans lequel il a fixé sa
résidence ; quant à l'étranger qui a contracté avec le
français dont s'agit, il comptait évidemment avoir pour
juges ceux de son pays, et il serait trompé dans sa
bonne foi s'il en était autrement. Ces arguments ne
nous touchent point ; nous avons déjà fait observer que
l'étranger était toujours trompé par l'article 14 ; peu
importe qu'il le soit plus ou moins ; les ennuis d'un
déplacement n'ont point inspiré le législateur qui n'a
obéi qu'à un sentiment de méfiance à l'égard des juges
étrangers : le français sera donc protégé en quelque
lieu qu'il se trouve et qu'il vive ; l'article 14 ne fait
aucune distinction et rien ne nous autorise à en faire
nous-même. Cette opinion a prévalu dans la jurisprudence ainsi que cela résulte notamment de deux arrêts
de la Cour suprême, l'un du 26 janvier 1836, cassant
l'arrêt précité de la Cour de Paris du 20 mars 1834, et
l'autre du 8 juillet 1840, arrêts qui admettent que le
français, pour bénéficier de l'article 14, n'a point à
prouver qu'il est domicilié en France.

L'étranger naturalisé français pourra invoquer l'article 14 comme le français d'origine ; il en sera de
même de l'étranger assimilé au Français pour la jouissance des droits civils en vertu d'un traité diplomati-

que (art. 11, C.c.) et de celui qui aura été autorisé par décret à fixer son domicile en France aux termes de l'article 13 du C. civ. modifié par la loi du 26 juin 1889.

Mais que faut-il décider si l'obligation, cause du différent, a été contractée antérieurement à la naturalisation, à la signature du traité, à l'autorisation du domicile ? En d'autres termes est-il nécessaire que le demandeur soit naturalisé ou assimilé au moment où naît l'obligation, cause du litige ? Suffit-il qu'il ait l'une ou l'autre qualité au moment où il introduit l'instance ?

A notre avis, l'article 14 règle une question de procédure, une question de compétence qui se pose seulement au moment où l'instance est introduite et n'existe point avant ce moment. Peu importe donc la qualité des parties au jour de la naissance de l'obligation ; nous n'avons à connaître que leur situation juridique à l'instant où l'une d'elles actionne l'autre. Nous savons que le débiteur sera déçu, sera distrait de ses juges naturels ; mais nous avons vu que ces considérations n'ont pas arrêté le législateur et dans notre espèce nous rappelons qu'il est de principe que les lois de procédure ne forment pas de droits acquis ; tout contractant peut voir l'action engendrée par son contrat portée devant des juges autres que ceux sur lesquels il avait dû compter, et cette même action conduite par une procédure différente de celle à laquelle il devait s'attendre le jour de la convention. C'est donc au moment de l'introduction de l'instance que l'étranger doit être naturalisé ou assimilé pour se prévaloir du privilège de l'article 14. Cette doctrine est celle de MM. Demangeat,

Bonfils, Weiss et elle a été sanctionnée par une nombreuse jurisprudence (1).

Il y a lieu de remarquer cependant que, si avant la naturalisation ou l'assimilation, une instance était introduite devant des juges étrangers, le contrat judiciaire empêcherait une nouvelle instance devant des juges français (2).

Une question très controversée est celle de savoir si un français cessionnaire de la créance qu'un étranger a contractée envers un autre étranger peut poursuivre ce dernier devant les tribunaux français.

La jurisprudence actuelle (3), appuyée par des auteurs considérables (4) distingue entre les créances commerciales cessibles par voie d'endossement et les créances civiles. Pour une créance commerciale, dit-on, l'article 14 pourra être invoqué, par cette raison que le souscripteur d'une promesse endossable ne s'est pas engagé envers une personne déterminée, mais envers le porteur inconnu, et quel qu'il soit, de l'effet commercial ; il pouvait et devait même s'attendre à se voir appliquer l'article 14.

Mais, ajoute-t-on, cet article ne pourra être invoqué par le français cessionnaire d'une créance civile. Il constitue une disposition exceptionnelle qui ne peut être étendue à la cession qu'elle ne prévoit pas ; un

(1) Metz, 17 janvier 1839 ; Paris, 28 janvier 1858, 7 mai 1861, 2) février 1874 ; Cass., 7 sept. 1808, 9 mars 1863 ; Seine, 10 avril 1878.
(2) Rej., 18 mars 1818 ; Demolombe, I, n° 206.
(3) Cass., 26 janvier 1833 ; Paris, 24 avril 1852, 14 avril 1860.
(4) Merlin, Demolombe, Aubry et Rau, Massé.

créancier ne peut pas d'ailleurs transférer par la cession plus de droits qu'il n'en a lui-même et, poursuit
M. Merlin « l'étranger qui s'est obligé envers un autre
étranger l'a fait dans la confiance que ses propres juges
auraient seuls le pouvoir de prononcer sur les effets
de l'obligation qu'il contractait.... Ce serait donc se
jouer de sa bonne foi que de le traiter, par suite de la
cession que le créancier ferait de ses droits à un tiers,
comme s'il était engagé envers un regnicole ; et telle
n'a été, ni pu être l'intention de l'article 14. »

Nous avons dit combien nous trouvions cet art. 14
exorbitant, mais que l'on ne dise pas qu'il renferme
une disposition exceptinnnelle qui ne saurait recevoir
d'interprétation extensive. Elle est certainement extraordinaire au point de vue du droit des gens, mais elle
est très générale, constitue une des règles fondamen-
tales de notre législation et ne fait exception à aucun
principe.

Au surplus, en affirmant que le français cessionnaire
d'un étranger a le droit de se prévaloir du privilège de
l'article 14, dont n'aurait pu profiter son cédant, nous
ne faisons pas de cet article une application extensive.
N'avons-nous pas établi que pour l'application du dit
article, il fallait considérer la qualité du demandeur au
moment où il introduisait l'instance, et dans notre espèce,
le demandeur cessionnaire n'est-il point français à ce
moment ? Il a donc droit à la protection que la loi a
voulu accorder à tout français, à raison de sa nationalité.

Il est certain que le créancier ne peut céder plus de

droits qu'il n'en a lui-même ; mais si cela est vrai au point de vue de la créance, il n'en est point de même au point de vue du créancier, et la cession telle qu'elle existait en droit romain, n'existe plus de nos jours. Elle ne constitue plus un simple mandat du cédant donné au cessionnaire ; le cessionnaire devient propriétaire de la créance cédée, comme s'il avait contracté directement et cela dès la signification faite au débiteur. La créance reste la même ; la personne du créancier a seule changé. Les droits attachés à la personne même du cessionnaire lui appartiendront, non parce qu'il les aura acquis du chef du cédant, mais parce qu'il les tire de lui-même. Il pourra donc invoquer tous les privilèges attachés à sa personne. notamment celui attaché à la qualité de français par l'article 14, et, si le cessionnaire est français, il jouira de ce droit civil inhérent à sa qualité même.

Nous pouvons rapprocher de cette doctrine que nous adoptons, et comme solution implicite, un arrêt en date du 14 décembre 1882, de la Cour de Paris, qui s'est déclarée incompétente en matière civile sur la demande d'un cessionnaire français contre un étranger, et a décidé que l'application de l'article 14 ne pouvait être ordonnée parce que, *dans l'espèce, la signification du transport n'avait pas été faite au débiteur*.

Pourquoi, enfin, ferait-on une différence entre les créances civiles et les créances commerciales endossables ? Pour ces dernières, dit-on, le débiteur étranger a dû penser, en souscrivant un effet négociable, que son créancier pouvait le céder même à un français.

Mais pourquoi le débiteur d'une créance civile ne pen-
serait-il pas de même et ne saurait-il pas que son créancier a le droit de faire un transport-cession? Au surplus, où voit-on une distinction quelconque dans
l'article 14, entre les créances civiles et commerciales,
distinction que le législateur a pris soin de signaler,
lorsqu'il a cru devoir le faire, au sujet de la *caution
judicatum solvi.*

Cette distinction, d'ailleurs, ne date que de 1830;
auparavant on était au moins plus logique avec soi-
même et la jurisprudence refusait dans tous les cas
au français cessionnaire le droit d'invoquer l'article 14.

Quant à nous, nous pensons avec MM. Demangeat,
Bodin, Bonfils, que le français cessionnaire d'une
créance contractée par un étranger envers un autre
étranger, en pays étranger, pourra toujours invoquer
l'article 14, que ladite créance soit civile ou commerciale. Cet article nous apparaît comme une disposition
générale, édictée dans un but de protection en faveur
des français et que l'on doit appliquer avec toutes ses
conséquences.

L'hypothèse inverse de celle que nous venons d'étudier, peut se présenter. Un français devient créancier
d'un étranger, puis cède sa créance à un autre étranger. Celui-ci pourra-t-il traduire son débiteur devant
nos tribunaux ?

Si nous suivions le système de la jurisprudence, nous
devrions, comme elle, faire ici une distinction entre
les créanciers, reconnaître ce droit à l'étranger créan-

cier en matière civile, puisqu'il exerce les droits du cédant, et le lui refuser s'il s'agit d'un effet négociable, puisque le débiteur s'engage indéfiniment envers le dernier créancier. Mais nous avons dejà repoussé cette distinction et nous pensons que l'étranger cessionnaire ne pourra jamais invoquer l'article 14, non point parce que, comme on l'a dit, les tribunaux seront incompétents pour connaître de contestations entre étrangers, mais parce que le cessionnaire demandeur n'aura pas la qualité de français.

Il est bien évident qu'un français qui agirait comme mandataire d'un étranger, et non en son nom personnel, ne pourrait invoquer l'article 14 et citer les débiteurs de l'étranger devant un tribunal français.

Aussi, nous ne saurions admettre la décision de l'arrêt de la Cour de Cassation du 9 mars 1863, qui reconnaissait à une femme d'origine française, devenue veuve d'un étranger et par conséquent redevenue française, le droit de poursuivre les débiteurs de son mari devant nos tribunaux comme tutrice de ses enfants. Dans ce cas, en effet, elle ne peut agir en son nom propre, mais seulement au nom de ses enfants qui sont étrangers et dans l'intérêt desquels on ne peut invoquer l'article 14.

Les héritiers d'un français, en sens inverse, s'ils sont étrangers ne pourront pas non plus invoquer l'article 14. Mais, cependant, si l'instance avait été introduite par le français, ils pourront la continuer ; car cela constituerait un droit faisant partie de la succession de leur auteur.

§ 3. — Contre qui peut être invoqué l'article 14.

L'article 14 s'applique à tout étranger, qu'il réside en France ou en pays étranger, que son pays soit en état de paix ou de guerre avec la France.

L'application de notre disposition s'étend aux personnes morales. Quelques auteurs et aussi quelques arrêts ont cherché à faire prévaloir cette idée que l'article 14 ne pouvait être invoqué contre des sociétés anonymes étrangères non autorisées (1). Nous ne partageons pas cette manière de voir et nous pensons qu'il serait injuste de faire profiter ces sociétés d'une situation dont l'irrégularité leur est imputable. Elles ont d'ailleurs une existence de fait qui doit permettre à nos tribunaux de les rendre responsables des obligations contractées par elles envers nos nationaux. La Cour suprême a adopté cette opinion et la jurisprudence est aujourd'hui fixée dans ce sens (2).

La question devient plus délicate lorsqu'il s'agit d'un Etat, des souverains, de leurs représentants ; elle a donné lieu à diverses controverses qui touchent au droit international public et trouvent surtout des arguments dans les usages établis.

Et d'abord un Français peut-il citer un état étranger devant nos tribunaux ? La jurisprudence, avec MM. De-

---

(1) Aix, 17 janvier 1861 ; Paris, 15 mai 1863 ; Massé. Ballot. *Revue prat. du Droit français*, t. XVII.

(2) Cass., 19 mai 1863, 14 nov. 1864 ; Paris, 8 avril, 9 mai 1865.

molombe et Fœlix, admet généralement que cette prétention doit être repoussée, comme étant en violation
des deux principes universellement adoptés dans le
droit des gens, à savoir, l'indépendance réciproque et
l'égalité des Etats. Il y serait en effet porté atteinte si
un Etat pouvait étendre sa juridiction sur un état étranger, au mépris de sa souveraineté et s'immiscer dans
le fonctionnement de ses services publics au mépris de
son indépendance. Du reste les obligations contractées
par un Etat sont régies par des lois spéciales auxquelles
se soumettent d'avance ceux qui contractent avec lui.
On ajoute que l'article 14, en se servant des mots :
« *l'étranger même non résidant en France* » a désigné
des personnes déterminées et non un Etat ; et enfin
comme il est généralement admis que les agents diplomatiques ne peuvent pas être poursuivis devant les
tribunaux en leur qualité de mandataires d'un Etat,
il s'ensuit à plus forte raison que l'Etat doit jouir de la
même immunité. Sauf un arrêt contraire de la Cour de
Pau en date du 6 mai 1845, la jurisprudence est constante en ce sens (1). Ce système est vivement combattu
par MM. Legat, Massé, Bonfils et Demangeat. De ce
que l'article 14 se sert des mots « *ne résidant pas en
France* » cela ne veut pas dire que l'État ne constitue
pas une personne morale au même titre que les sociétés. Quant aux immunités des agents diplomatiques,
elles ont pour motif leurs fonctions de représentants
d'un Etat souverain, et l'on ne peut évidemment pas

(1) Cass., 22 janvier 1849 ; Paris, 23 août 1870.

actionner un Etat en tant que souverain ; mais le principe de l'indépendance des Etats n'est plus applicable si l'Etat étranger, cessant de faire acte de souveraineté, contracte comme une personne privée.

M. Laurent, en son *Traité de droit civil international* (L. III, n° 39), tout en reconnaissant la compétence des tribunaux pour la constatation des engagements pris par les gouvernements étrangers, est d'avis qu'ils n'ont aucun pouvoir sur leur exécution, de sorte que les saisies de diverses natures qui seraient pratiquées sur les objets appartenant aux Etats etrangers ne sont pas valables. C'est là une solution peu satisfaisante pour le français qui aurait obtenu un jugement contre un Etat étranger.

Pour nous, nous pensons que le principe de l'indépendance réciproque des Etats serait sérieusement atteint si un particulier prétendait leur imposer une juridiction, et que la véritable solution consiste à ne pas reconnaître la compétence des tribunaux à l'égard d'un État étranger. Ce serait en effet soumettre ledit Etat à l'autorité d'une souveraineté étrangère, puisque le droit de juridiction est un attribut de cette souveraineté. Nous croyons cependant que si un Etat possède des immeubles sur le territoire français, il s'est soumis, en les acquérant, à la juridiction française qui est obligatoire en ce qui concerne les actions immobilières.

Cette reconnaissance de juridiction peut même se rencontrer sur les actions personnelles et mobilières dans certains cas ; c'est ainsi que la Cour de la chancellerie d'Angleterre a jugé, en 1874, qu'un gouvernement étranger qui dépose des valeurs comme garantie de ses emprunts, reconnaît par là même la compétence des tribunaux du pays.

La solution sera la même en ce qui touche un souverain, s'il agit comme chef de l'Etat et dans un intérêt public. La Cour de Paris l'a ainsi jugé le 23 avril 1870 en se déclarant incompétente dans une action en dommages-intérêts intentée contre le Czar ; elle se refusa également, par décision du 15 mars 1872, de connaître des engagements pris par l'empereur Maximilien, au sujet de décorations commandées par lui à un français.

Mais il ne pourra en être de même, ni être question de souveraineté, lorsqu'il s'agira d'un souverain qui aura pris des engagements en son nom particulier et n'aura traité que pour ses intérêts privés ; il sera dès lors soumis comme tout individu étranger à l'application de l'article 14. C'est ainsi que la Cour de Paris, le 3 juin 1872, se déclara compétente pour juger une demande formée par une maison de Paris contre une souveraine pour fourniture de diamants destinés à son usage personnel.

Les agents diplomatiques, d'après un principe constant et reconnu presque unanimement, sont soustraits à la juridiction des tribunaux du pays près duquel ils sont accrédités.

On a essayé de donner bien des motifs de cette immunité, mais la seule vraie ne se trouve-t-elle pas dans la nature même des fonctions de ces agents. « Ils sont, dit Montesquieu (1), la parole du Prince qui les envoie et cette parole doit être libre. Aucun obstacle ne doit les empêcher d'agir. Ils peuvent souvent déplaire parce qu'ils parlent pour un homme indépendant ; on pourrait leur imputer des crimes ; on pourrait leur supposer des dettes, s'ils pouvaient être arrêtés pour dettes. Un Prince qui a une fierté naturelle, parlerait par la bouche d'un homme qui aurait tout à craindre. Il faut donc suivre à l'égard des ambassadeurs les raisons tirées du droit des gens et non pas celles qui dérivent du droit politique. Que s'ils abusent de leur être représentatif, on le fait cesser en les renvoyant chez eux ; on peut même les accuser devant leur maître, qui devient par là leur juge ou leur complice. »

L'immunité diplomatique s'étend à la famille de l'ambassadeur ou envoyé officiel ainsi qu'aux personnes qui composent sa suite et concourent à l'accomplisse-ment de sa mission.

Si le représentant d'une puissance étrangère est français, il jouit de la même immunité ; car le privi-lège de l'exemption de juridiction n'est pas attaché à l'agent diplomatique, parce qu'il est étranger, mais parce qu'il exerce des fonctions publiques. Si donc il est français, sa qualité doit disparaître devant la mis-sion qu'il est chargé de remplir.

Il faut noter que cette immunité couvre seulement les agents qui ont un caractère représentatif. Elle ne s'appliquerait pas dès lors aux consuls qui sont des

(1) *Esprit des lois*, liv. XXVI, Ch. xxi.

agents uniquement chargés de veiller sur les intérêts commerciaux de leurs nationaux et de protéger ceux d'entre eux qui sont établis dans notre pays. Ils ne représentent pas leur gouvernement et ne sont pas accrédités auprès des autorités.

Ajoutons que les immeubles situés sur le territoire français demeurant toujours soumis à la loi française, l'immunité diplomatique ne s'étend pas aux actions immobilières. Il faut cependant faire une exception en ce qui concerne l'Hôtel de l'Ambassade.

On s'est demandé si l'immunité diplomatique constituait un privilège d'ordre public obligatoire pour l'agent lui-même, ou si c'est un privilège personnel auquel il peut renoncer ?

MM. Martens et Bonfils admettent la renonciation, mais demandent à ce qu'on n'exécute pas la sentence, si de cette exécution il doit résulter des entraves et des inconvénients pour l'ambassadeur. La Cour de Paris, dans un arrêt du 21 avril 1841, considère l'immunité comme d'ordre public et obligatoire. Nous pensons avec MM. Fœlix et Vattel, que l'agent diplomatique ne peut y renoncer qu'avec le consentement de son souverain.

Toutes les règles que nous venons d'exposer et qui réglementent l'application de l'article 14, fléchiront lorsqu'on se trouvera en présence d'un étranger appartenant à une nation qui a conclu avec la France un traité, des clauses duquel il résultera des exceptions aux dispositions du Code civil.

Nous croyons que le traité Franco-Suisse, du

15 juin 1869, est le seul qui se rapporte spécialement à la compétence des tribunaux. Voici les principales clauses qu'il contient :

1° Les contestations civiles entre Français et Suisses seront portées devant le juge naturel du défendeur, et il en sera de même pour les actions en garantie, quel que soit le tribunal où la demande originaire sera pendante ;

2° Si le français ou le suisse défendeur n'a pas de domicile ou de résidence connu en France ou en Suisse, il pourra être cité devant le tribunal du domicile du demandeur ;

3° Si l'action a pour objet l'exécution d'un contrat consenti, soit en France, soit en Suisse, et hors du ressort des tribunaux compétents, le procès pourra être porté devant le juge du lieu du contrat, si les parties y résident au moment où le procès est engagé ;

4° Pour ce qui touche la liquidation et le partage des successions, le tribunal compétent sera, s'il s'agit d'un français mort en Suisse, le tribunal de son dernier domicile en France, et s'il s'agit d'un suisse mort en France, le tribunal de son lieu d'origine en Suisse (1).

Les dispositions de ce traité entre la France et la Suisse sont applicables à toutes les autres nations avec lesquelles la France a conclu des traités portant la clause de la nation la plus favorisée, spécialement au sujet de la compétence des tribunaux.

Le traité du 11 décembre 1866 (article 2), avec l'Au-

(1) V. *Infra*, p. 126 et suiv.

triche, et celui du 1ᵉʳ avril 1874 (article 10), avec là Russie, attribuent exclusivement compétence aux autorités de l'Etat auquel appartenait le défunt, en ce qui touche les réclamations relatives aux successions mobilières.

Quant au traité conclu en 1846, entre la France et le Grand-Duché de Bade, traité qui est aujourd'hui applicable aux Alsaciens-Lorrains, on est communément d'accord pour reconnaître qu'il n'apporte aucune dérogation aux dispositions de l'article 14.

Mais l'incompétence résultant d'un traité peut-elle être invoquée en tout état de cause et même en appel? La Cour de Colmar, dans un arrêt du 11 décembre 1811, a décidé affirmativement en se basant sur cette idée qu'il y avait là une question d'ordre public.

On a ainsi invoqué dans le même sens l'article 11, de la convention Franco-Suisse de 1869, qui porte : « que le tribunal français ou suisse devant lequel sera portée une demande qui, d'après les articles précédents, ne serait pas de sa compétence, doit d'office et même en absence du défendeur, renvoyer les parties devant les juges qui en doivent connaître ».

Il est certain que cette clause est formelle et qu'on doit en conclure que l'incompétence résultant du traité est d'ordre public, mais elle est spéciale à la convention qui la contient ; elle ne peut être étendue aux traités qui ne la porte pas ou n'en font pas mention.

Nous nous rangeons à l'avis de MM. Demangeat et Bonfils qui pensent que l'exception résultant d'un traité, n'est qu'un bénéfice spécial auquel l'étranger peut renoncer sans porter atteinte à l'indépendance et à la souveraineté des Etats, et qu'il est présumé le faire s'il n'oppose pas l'incompétence *in limine litis* et avant toute défense au fond.

§ 4. — Pour quelles obligations on peut invoquer l'art. 14.

L'article 14 s'applique à toutes les obligations, quelles qu'en soient la nature et la cause et à celles qui sont contractées par une convention : à celles qui sont engendrées par une convention et à celles qui sont le résultat d'un fait, tel qu'un quasi-contrat, un délit ou un quasi-délit.

La Cour de Paris, dans un arrêt du 5 juin 1829. s'appuyant, d'une part, sur les expressions « obligations contractées » employées dans l'article 14 et, considérant, d'autre part, que ledit article édicte une disposition exceptionnelle qui doit être interprétée strictement, avait décidé que les obligations conventionnelles seules tombaient sous son application.

Nous avons déjà dit que nous ne pouvions considérer la règle de l'article 14 comme une exception, mais bien comme un principe très général de protection en faveur des français, principe dont l'efficacité devra être la même, qu'il s'agisse d'obligations dérivant d'un contrat ou d'un fait. Quant à l'expression « contracter » elle est employée dans notre langage juridique et dans notre Code même indifféremment au sujet des contrats, des quasi-contrats, des délits et des quasi-délits. (Voir art. 1372, Code civ.)

F.   9

Nous croyons donc que l'on ne doit faire aucune distinction entre les obligations pour leur appliquer l'article 14 : c'est d'ailleurs dans ce sens qu'est fixée la jurisprudence actuelle (Cass., 13 décembre 1842, Paris, 20 février 1864. Cass., 13 décembre 1865, Paris, 12 août 1872).

Ainsi le français qui a constitué à l'étranger une société avec un étranger, peut citer ce dernier devant les tribunaux de France pour l'exécution des engagements pris par lui, bien que le siège de la société se trouve en pays étranger (Cass. req., 8 juillet 1840) ; de même les créanciers français d'une société étrangère déclarée en faillite dans son pays, pourront assigner cette société devant nos tribunaux, (Cass., 12 novembre 1872).

L'adition d'une hérédité ouverte en France ou en pays étranger, sur laquelle un Français réclame un legs, ou l'exécution d'une obligation, rend l'étranger justiciable des tribunaux français, (Montpellier, 12 juillet 1826 ; Orléans, 4 août 1859).

L'action en recherche de maternité intentée par un français contre une étrangère sera aussi de la compétence de nos tribunaux, le fait de la maternité engendrant des obligations dans le sens de l'article 14 (Cas., 29 juillet 1848).

La femme française, mariée à un étranger, peut demander la nullité de son mariage ; car, dans ce cas elle serait restée française et le doute doit être interprété en sa faveur (Aix, 13 juin 1814).

Une action en indemnité formée à raison d'un dommage causé par un étranger peut aussi être portée devant nos tribunaux (Rouen, 7 fév. 1841 ; Aix, 12 mai 1857).

Mais un tribunal français peut-il, sur la demande d'un français créancier, déclarer l'absence d'un étranger qui a cessé de donner de ses nouvelles ? La question a été soulevée devant la Cour de Douai qui y a répondu négativement en s'appuyant sur cette raison que les lois qui traitent de l'absence appartiennent au statut personnel et qu'en conséquence, s'il est possible à des juges français d'ordonner des mesures conservatoires selon les articles 112 et 113 du C. civ., ils ne peuvent aller jusqu'à la déclaration d'absence d'un étranger. Avec MM. Demolombe et Bonfils, nous approuvons cette décision. La déclaration d'absence en effet modifie trop profondément la personnalité de l'individu, ses droits d'époux, de père, d'administrateur de la communauté, pour qu'on puisse la prononcer au sujet d'un étranger. Comment d'ailleurs remplirait-on les formalités imposées par les articles 115 et 116 du C. civ., si l'étranger n'a ni domicile ni résidence en France ?

§ 5. — Devant quel tribunal doit être portée l'action.

Lorsque l'étranger défendeur aura un domicile ou une résidence en France, le tribunal du lieu de ce domicile ou de cette résidence sera compétent pour connaître de la demande introduite contre lui conformément à l'art, 59 du Code de Proc. civ., sauf les restrictions prévues par cet article pour certaines matières.

Mais quel tribunal sera compétent si l'étranger n'a ni domicile ni résidence en France ? Il a été fait diverses réponses à cette question.

Quelques auteurs ont voulu qu'on s'adressât à la Cour de cassation pour qu'elle assignât des juges. Ils oubliaient probablement qu'il y a lieu à règlement de juges seulement lorsque plusieurs tribunaux également compétents sont saisis de la même demande. Il s'agit au contraire dans notre cas d'en désigner un qui le sera.

D'autres voudraient que le tribunal compétent fût celui du ressort dans lequel l'étranger possède des immeubles. Il faut constater d'abord que ce système ne résoudrait la question que lorsque l'étranger posséderait des immeubles, ce qui ne se présentera pas souvent dans notre hypothèse d'un défendeur qui n'a ni domicile, ni résidence en France. Mais sur quoi reposerait cette compétence du tribunal de la situation des immeubles dans une action autre que celle relative à ces mêmes immeubles ? Sur l'arbitraire et cela suffit pour que nous repoussions ce système.

Nous ne pouvons accepter non plus l'opinion des auteurs qui donnent le droit au français d'assigner l'étranger défendeur devant le tribunal de son choix ; cette doctrine nous paraît inadmissible même avec la modification conseillée par M. Demolombe, qui voudrait qu'en cas de convention contractée en France, le tribunal compétent fût celui du lieu où la convention aurait été conclue. Nous ne voyons pas, en effet, sur quelles bases, sur quels textes, ni sur quelles considérations déterminantes reposent ce système et les restrictions qu'on y apporte.

Il nous paraît que lorsque l'étranger défendeur n'a ni domicile ni résidence en France, le tribunal compétent pour le juger sera celui du domicile du demandeur. C'est la solution qu'on appliquerait à un français qui n'aurait pas de domicile ou de résidence connus. Ce système a de plus l'avantage d'être conforme à l'article 14, puisque, comme ce dernier, il renverse la règle de droit commun en matière de compétence; c'est d'ailleurs celui qu'a adopté la Cour de Cassation en son arrêt du 9 mars 1863. (V. aussi Bordeaux, 28 janvier 1891.)

Lorsque le domicile du défendeur à l'étranger sera connu, l'assignation sera remise, aux termes de l'article 69, § 9, du Code de procédure civile au parquet du procureur de la République près le tribunal, devant lequel est portée la demande. Ce magistrat visera l'original et fera parvenir la copie à l'intéressé par la voie diplomatique.

Si le domicile du défendeur est inconnu, on appliquera l'article 69, 8°; l'exploit sera affiché à la principale porte de l'auditoire du tribunal où la demande est portée; une seconde copie sera donnée au procureur de la République qui visera l'original.

Pour les délais d'ajournement il y aura lieu d'appliquer les articles 72, 73, 74, du Code de procédure civile.

Ces quelques règles nous montrent combien est précaire la situation créée à l'étranger par notre article 14. Si une copie s'égare dans les chancelleries, si le domicile n'est pas connu, il peut rester dans l'ignorance absolue de l'action qui est dirigée contre lui.

§ 6. — Le français peut renoncer au droit que lui confère l'article 14.

Le français peut, sans aucun doute, renoncer au droit que lui confère l'article 14 de citer son débiteur étranger devant les tribunaux français. (Cass., 24 fév. 1846 ; 21 nov. et 11 déc. 1860 ; 19 nov. 1864.)

Il importe peu, en effet, à l'intérêt général, à l'ordre public, aux bonnes mœurs, que le français accepte d'être jugé par des tribunaux étrangers. Si, de plus, le législateur avait donné à l'article 14 un caractère obligatoire, il aurait non seulement édicté une mesure ridicule de protection exagérée, mais il aurait surtout frappé d'un injure grossière les magistratures étrangères.

La renonciation peut être expresse ou tacite. Si elle est expresse, il ne peut y avoir de difficultés, qu'elle ait eu lieu en même temps que le contrat ou postérieurement.

Si elle est tacite, de quels faits peut-elle résulter ? Par exemple, le fait par un français d'avoir cité son débiteur étranger devant un tribunal de sa nation, constitue-t-il de sa part une renonciation tacite au béné-

fice de l'article 14 ? Oui, si la citation devant la juridiction étrangère a été, de la part du français demandeur,
l'effet d'une résolution volontaire et libre. Le tribunal
appréciera souverainement les faits, et si des circonstances particulières ont obligé le français à saisir les
juges étrangers ; si, par exemple, il y avait urgence ;
si, au moment de la première citation, le défendeur ne
possédait pas en France des biens suffisants pour
garantir les effets de sa condamnation ; s'il les a acquis
depuis ; s'il ressort, en un mot, des faits de la cause
que le demandeur s'est adressé aux magistrats étrangers, contraint et forcé, sans avoir jamais eu l'intention de renoncer au bénéfice de recourir à ses juges
naturels, dans tous ces cas, le tribunal français, saisi
de l'affaire, pourra se déclarer compétent. C'est sur ce
terrain pratique et équitable que se sont placés des
auteurs éminents et la jurisprudence (1).

Le tribunal sera aussi seul juge d'apprécier si l'élection de domicile dans une convention implique nécessairement, de la part du français, renonciation à ses
juges naturels, en dehors évidemment du cas dans
lequel ladite convention porterait une acceptation formelle de la compétence du tribunal étranger.

Le français qui souscrit des actions d'une société
étrangère dont les statuts attribuent compétence exclu-
sive aux tribunaux du pays où ladite société a son
siège, renonce au droit que lui confère l'article 14,

(1) Demolombe, Aubry et Rau, Boufils, Demangeat ; Cass., 11 décembre 1860, 28 février 1877 ; Lyon, 1er juin 72 ; Seine, 8 janvier 75,
7 août 90.

mais seulement en ce qui touche les actions sociales, celles qu'il pourrait avoir à exercer en tant qu'actionnaire. La compétence des tribunaux français reprendra son empire, lorsqu'il s'agira de juger des actions introduites, même par l'actionnaire précité agissant comme créancier ou obligataire.

Section II.

Etranger demandeur contre un français.

§ 1. — Considérations sur l'article 15 du Code civil.

L'article 15 du Code civil est conçu dans les termes suivants :

« Article 15. Un français pourra être traduit devant « un tribunal de France pour des obligations par lui « contractées en pays étranger, même avec un étran- « ger. »

Il nous paraît presque inutile de justifier la disposition de cet article, mais nous croyons cependant devoir faire remarquer que l'on s'est trompé en prétendant que le législateur avait voulu établir une réciprocité avec les dispositions de l'article 14. Il se serait fait une grave illusion, car, alors que l'article 14 consacre comme principe une anomalie injustifiable, l'article 15 au contraire est une application sensée du droit commun et une règle très équitable de compétence. Il conserve en définitive ses juges naturels à un français, alors même qu'il a contracté à l'étranger avec un étranger ; le français n'a qu'à s'en féliciter car il doit avoir en eux la plus entière confiance, ainsi que le déclare la Cour de Paris dans ses arrêts du 9 août 1881 et 28 janvier 1885. Ajoutons qu'il aurait été absolument injuste de ne point permettre à un étranger créancier d'un français, de porter son action dans le pays de son débiteur, le seul peut-être où il ait des chances sérieuses d'obtenir l'exécution efficace d'un jugement.

Mais l'article 15 édicte-t-il une disposition d'ordre public obligatoire pour tout français et à laquelle ce dernier ne pourrait renoncer, par exemple en laissant prendre contre lui un jugement devant les tribunaux étrangers.

La Cour de Cassation, approuvant dans son arrêt du 17 mars 1830 une décision de la Cour de Grenoble du 3 janvier 1829, admit que l'article 15 consacrait une règle d'ordre public et fournissait au défendeur une exception *ratione materiæ*, qu'il pouvait toujours opposer. M. Bonfils admet que le français peut renoncer au droit d'être jugé par les tribunaux français, mais il veut que nos juges accueillent cette renonciation, seulement lorsqu'elle est expresse et évidente.

La jurisprudence (1) est aujourd'hui fixée dans ce sens que l'exception d'incompétence est purement personnelle et ne peut plus être invoquée après les défenses au fond, ou même après que le français, sans

(1) Paris, 6 février 1854 ; Cass., 13 août 1879 ; Paris, 28 janv. 1885 Aix, 25 nov. et 8 déc. 1858.

s'être défendu, a laissé acquérir au jugement autorité de chose jugée.

Notre avis est que l'article 15 ne peut fournir une exception *ratione materiæ*, parce qu'il n'y a rien de contraire à l'ordre public à ce qu'un français consente à être jugé par des tribunaux étrangers. Nous ne pensons pas non plus que ce soit un droit absolu pour le français de n'être jugé que par des juges français.

Pour nous la portée de l'article 15 est la suivante : Le français actionné par un étranger devant nos tribunaux ne peut décliner leur juridiction ; mais l'étranger a toujours le droit de l'actionner devant les tribunaux de son pays en observant les lois qui lui sont propres. L'article 15 ne constitue point une faveur pour le français ; il ne peut opposer une exception d'incompétence lorsqu'il est appelé devant un tribunal français, mais il ne le peut pas non plus lorsque son créancier étranger l'a appelé devant un tribunal de son pays.

Cette question d'incompétence des tribunaux étrangers, qu'on prétendrait faire résulter des termes de l'article 15, ne se poserait efficacement que sur la demande d'exéquatur, alors que le tribunal français serait appelé à reviser au fond le jugement étranger.

§ 2. — Qui peut invoquer l'art. 15.

Tout étranger peut invoquer l'article 15 de la façon la plus générale.

Les personnes morales étrangères le peuvent aussi,

dès que leur existence et leur capacité sont légalement reconnues dans leur pays, à la condition toutefois quelles ne rentrent pas dans une des catégories que la loi française ne veut pas reconnaitre comme étant contraire à l'ordre public.

Les sociétés étrangères en nom collectif et en commandite peuvent donc ester en justice devant nos tribunaux, mais il s'est élevé des difficultés au sujet des sociétés anonymes étrangères.

Sous l'empire de l'ancien article 37 du Code de commerce. qui soumettait la constitution de toute société anonyme en France à l'autorisation du gouvernement, la question se posa de savoir si les sociétés anonymes étrangères seraient soumises à la même autorisation pour jouir de quelque droit en France. Il semblait que l'article 37, édictait une disposition d'ordre public et que l'on ne pouvait exempter les sociétés anonymes étrangères des garanties qu'on exigeait des compagnies françaises.

La jurisprudence cependant n'en jugeait point ainsi : elle n'exigeait des sociétés anonymes étrangères aucune autorisation, leur permettait d'agir en France et les autorisait à bénéficier de l'article 15.

Les inconvénients d'une pareille tolérance ne se firent pas attendre et motivèrent la loi du 30 mai 1857.

Cette loi accorda aux sociétés belges, autorises par leur gouvernement, l'exercice de leurs droits en France, et permit au chef de l'Etat d'étendre cette disposition aux sociétés des autres pays par un décret rendu en Conseil d'Etat.

L'autorisation prévue par la loi de 1857, présente un caractère général et peut être accordée à toute société anonyme étrangère dûment autorisée par son gouvernement ; mais il résulte *a contrario* de la loi elle-même de 1857, que les sociétés d'un pays auquel le bénéfice n'en a point été accordé ne pourront invoquer l'art. 15.

Par ailleurs, la loi du 24 juillet 1867, qui a exempté les sociétés anonymes françaises de l'autorisation préalable, tout en leur imposant de nouvelles conditions d'existence, a-t-elle abrogé tacitement la loi de 1857 ? Nous ne le pensons pas. Il ne saurait, en effet, y avoir abrogation tacite de la loi de 1857 qu'autant que les dispositions de la loi de 1867 seraient absolument inconciliables avec elle : « Or, dit M. Lyon-Caen, ce n'est nullement le cas : l'autorisation générale prescrite en 1857 pour les sociétés anonymes étrangères se justifie et se comprend très bien, même depuis que l'autorisation préalable a cessé en principe d'être exigée pour les sociétés anonymes françaises. Elle supprime pour elles l'autorisation préalable ; mais en même temps, pour donner sécurité aux tiers qui se mettent en relation avec elle, elle remplace en quelque sorte cette autorisation par une foule de mesures restrictives imposées à ces sociétés et qui ne peuvent en général être imposées aux sociétés étrangères. Par suite, si l'autorisation générale exigée pour elles par la loi du 30 mai 1857 n'existait plus, toute espèce de garantie serait enlevée aux tiers. Elles jouiraient en France, à la différence de nos sociétés anonymes, d'une liberté absolue.

En fait, depuis la loi de 1867, le gouvernement français a rendu plusieurs décrets d'autorisation collective, en faveur de sociétés de différents pays.

§ 3. — Contre qui les étrangers peuvent invoquer l'art. 15.

L'étranger pourra invoquer l'article 15 contre tout français d'origine ou par suite de naturalisation. Il n'est point nécessaire que la naturalisation ait eu lieu au moment de la naissance de l'obligation, cause du litige, il suffit qu'elle ait produit son effet au jour où l'action est introduite : la compétence se base sur la situation du défendeur au jour de la demande (1).

Un étranger autorisé à fixer son domicile en France jouissant de tous les droits civils aux termes de l'article 13 du Code civil, pourra y être actionné pour obligations contractées à l'étranger, même avec un de ses compatriotes.

§ 4. — Pour quelles causes l'étranger peut invoquer l'art. 15.

L'article 15 peut être invoqué pour toutes les obligations dérivant soit de contrats, soit de quasi-contrats, soit de délits, soit de quasi-délits. Nous avons déjà répondu, au sujet de l'article 14, à l'argument tiré du texte même de l'article.

(1) Cass , 27 mars 1833, 16 janvier 1867 ; Aubry et Rau, Fœlix et Demengeat.

Nous ajoutons que, quoique notre article ne parle que des obligations contractées « à l'étranger », il n'y a pas le moindre doute sur son application *a fortiori* dans le cas d'une obligation contractée en France, si tant est que dans cette hypothèse les règles ordinaires de la compétence ne suffisent point amplement.

§ 5. — Obligations imposées à l'étranger demandeur. — Caution judicatum solvi.

L'article 16 du Code civil est conçu comme suit :

« Art. 16. — En toutes matières, autres que celles de commerce, l'étranger qui sera demandeur sera tenu de donner caution pour le payement des frais et dommages-intérêts résultant du procès, à moins qu'il ne possède en France des immeubles d'une valeur suffisante pour assurer ce payement. »

Le Code de procédure civile ajoute dans le même ordre d'idées :

« Art. 166. — Tous étrangers demandeurs principaux ou intervenants seront tenus, si le défendeur le requiert, avant toute exception, de fournir caution de payer les frais et dommages-intérêts auxquels ils pourraient être condamnés. »

« Art. 167. — Le jugement qui ordonnera la caution, fixera la somme jusqu'à concurrence de laquelle elle sera fournie : le demandeur qui consignera cette somme ou qui justifiera que ses immeubles situés en France sont suffisants pour en répondre, sera dispensé de fournir caution. »

« Art. 423. — Les étrangers demandeurs ne peuvent être obligés, en matière de commerce, à fournir une caution de payer les frais et dommages-intérêts auxquels ils pourront être condamnés, même lorsque la demande est portée devant un tribunal civil dans les lieux où il n'y a pas de tribunal de commerce. »

Le législateur, en permettant à l'étranger de citer dans tous les cas devant les tribunaux de France son débiteur français, n'a point voulu, avec raison, que ce dernier pût être victime de l'insolvabilité d'un plaideur qui, après avoir perdu son procès, ne payerait ni les frais ni les dommages-intérêts auxquels il aurait été condamné et n'offrirait aucune surface pour assurer l'exécution du jugement rendu contre lui. Telle est la raison bien simple de l'obligation de donner caution imposée au demandeur étranger ; cette caution a pour but unique de protéger le Français et nullement de rendre plus difficile à l'étranger créancier l'accès de nos prétoires.

Elle a été improprement appelée caution *judicatum solvi ;* elle ne ressemble en rien à la caution *judicatum solvi* des Romains, qui s'appliquait à tout demandeur, citoyen ou non, et n'était exigée qu'en matières réelles. (Inst., l. IV, t. XI.)

Notre caution a plutôt des origines germaniques, selon M. Demangeat ; elle fut appliquée assez tard en France sous le prétexte donné par Bacquet que « le roi doit justice tant à l'étranger qu'au français », considération qui, soit dit en passant, n'aurait dû avoir aucun poids dans cette question. On ne tarda pas à s'apercevoir que des sentences rendues contre des étrangers n'ayant aucun bien en France, obtenaient difficilement exécution et l'on estima qu'il serait utile d'exiger d'eux une caution lorsqu'ils seraient demandeurs. Aucune loi ne fut promulguée dans ce sens ; des arrêts de Parlement, notamment des 4 janvier 1562 et 23 août 1571, consacrèrent l'usage de la caution, que les réducteurs du Code trouvèrent en vigueur, et maintinrent dans les termes des dispositions que nous avons citées.

En principe donc, tout demandeur étranger doit fournir caution, alors même qu'il s'agirait d'un ambassadeur, d'un souverain, d'un Etat. Toutes ces personnes savent fort bien en appelant un français devant son tribunal national, qu'elles devront se soumettre aux lois du pays et nous pensons que la caution est d'autant plus utile lorsqu'il s'agit de souverain, d'ambassadeur ou d'Etats, que leurs qualités mêmes rendront certainement plus difficile l'exécution des décisions rendues contre eux.

Aux termes de l'article 166 du Code de proc. civ. que nous avons reproduit plus haut, la caution est exigée seulement de l'étranger demandeur principal ou intervenant. Ainsi une demande reconventionnelle n'obligerait pas le demandeur à fournir caution.

Le demandeur principal est celui qui introduit l'instance, qui dirige l'attaque. Faire opposition à une saisie immobilière ou à une saisie arrêt, demander la mainlevée d'une saisie ne constitue pas une demande principale ; c'est plutôt une défense et il n'y a point à fournir caution. (Seine, 20 août 1836). Mais au contraire, revendiquer des objets mobiliers saisis par un tiers, c'est introduire une demande principale et l'étranger qui la forme, en intervenant ainsi dans la procédure de saisie, doit fournir la caution requise par le saisissant. (Paris, 3 mars 1854 ; Seine, 17 juillet 1879 ; Marseille, 18 avril 1890.)

Une question plus délicate est celle de savoir si un étranger poursuivant l'exécution d'un titre paré doit fournir caution.

Il ne le doit évidemment pas si l'exécution a lieu régulièrement sans opposition, sans contestation de la valeur du titre ; car, dans ce cas, il agit non comme demandeur, mais comme exerçant le droit consacré par son titre.

La solution ne sera plus aussi facile si le débiteur conteste la légitimité de la créance, s'oppose à la continuation des poursuites, à une saisie par exemple, et en demande la main levée, motifs pris de ce que la créance n'a jamais existé ou n'existe plus pour une cause quelconque de libération. Il est certain que, dans cette situation, le débiteur oppose des moyens de défense à la poursuite de son créancier étranger ; il est donc défendeur à l'action principale et l'étranger est demandeur.

Doit-il fournir la caution *judicantum solvi ?* M. Merlin, tout en reconnnaissant que l'étranger dans ce cas est bien demandeur principal, veut néanmoins qu'il ne donne point caution, par cette raison, dit-il, que la partie saisie présumée débitrice, est censée

F   10

avoir entre ses mains un gage suffisant et la créance de l'étranger peut être considérée comme une caution anticipée.

Il nous paraît qu'il y a là une pétition de principe, puisque cette créance même est contestée et si cette contestation est fondée, le gage disparaît; il ne subsiste plus alors aucune garantie pour couvrir les frais, assurer le payement des dommages-intérêts, s'il y a lieu. Nous estimons donc que, dans ce cas, l'étranger devra fournir caution.

L'étranger défendeur en première instance, qui interjette appel, n'est pas considéré comme demandeur, mais comme continuant ses moyens de défense. Il ne peut donc être tenu de fournir caution.

En sens inverse, l'étranger demandeur en première instance et qui, comme tel, a déjà été obligé de présenter une caution, devra en fournir une nouvelle en appel, qu'il y vienne comme appelant ou comme intimé ; c'est en effet là une continuation de sa demande, une suite qui entraîne de nouveaux frais dont le payement doit être assuré.

Le français demandeur qui a négligé d'exiger la caution en première instance, ou y a renoncé, a le droit de la demander en appel, mais pour les frais d'appel seulement. On est aujourd'hui à peu près unanime sur ce point.

Le demandeur intervenant est celui qui se présente dans l'instance, soit dans son propre intérêt, soit dans l'intérêt du demandeur, soit dans l'intérêt du défendeur. Il doit la caution dans les deux premiers cas.

Un français cessionnaire d'un demandeur étranger ne devrait pas la caution, à la condition, toutefois, que la cession soit sincère, véritable et nullement frauduleuse.

« La caution est due, dit l'article 16, en toutes matières autres que celles de commerce. » Ce texte est absolument précis ; il ne fait pas de distintion entre les justices de paix et les tribunaux civils de première instance et d'appel ; il n'excepte pas les tribunaux de répression devant lesquels l'étranger se porterait partie civile : la caution serait exigible dans ce dernier cas comme dans les autres. La première Chambre du Tribunal de la Seine, l'a encore jugée ainsi, le 3 juillet 1890, de même que la Chambre correctionnelle de la Cour de Paris, en son arrêt du 17 juillet 1891.

La règle qui oblige l'étranger demandeur a fournir caution, souffre des exceptions tirées de la loi et aussi des traités.

L'art. 16 du Code civil et l'article 423 du Code de procédure civile, exceptent d'abord formellement toutes les demandes en matières commerciales. Le législateur a probablement obéi à cette idée, à ce préjugé, que le commerce étant cosmopolite, il faut faciliter au commerçant étranger les rapports avec les négociants français, même pour lui faire des procès qui pourraient bien être quelquefois téméraires, injustes et préjudiciables : il est certain cependant que la caution *judicatum solvi*, entrave bien moins le commerce international que les tarifs douaniers et autres obstacles divers que l'on conserve soigneusement par principe on par nécessité. Il ne valait donc pas la peine de créer, pour obéir à un préjugé dont l'antiquité est la seule force, une exception à une règle logique, pratique et justifiée. Pourquoi alors ne pas supprimer la règle elle-même.

La deuxième exception indiquée dans les textes est faite en faveur des étrangers qui possèdent en France, des immeubles d'une valeur suffisante pour assurer le payement des frais et dommages-intérêts résultant du procès.

Nous entendons évidemment que la possession d'immeubles ne suffira pas par elle-même : il sera nécessaire que les immeubles soient libres d'hypothèques ou que tout au moins ils n'en supportent que dans une mesure qui leur laissera encore une valeur suffisante pour répondre des condamnations à intervenir. Le tribunal doit avoir à ce sujet un pouvoir souverain d'appréciation et, à notre avis, se montrer rigoureux ; car, ainsi que nous l'avons dit, il ne s'agit pas ici d'entraver l'exercice des droits d'un étranger, mais de rendre au moins onéreux pour lui le résultat d'un procès téméraire, et ce qui vaut encore mieux de l'empêcher peut-être de le soulever.

On est divisé sur la question de savoir si le français défendeur peut prendre une inscription hypothécaire sur les immeubles, dont l'existence et la valeur dispenseront l'étranger demandeur de fournir caution.

Les uns demandent que l'étranger consente au français une hypothèque conventionnelle ; il est certain que l'étranger en aura le droit, mais il est peu probable qu'il en use ; il faudrait donc recourir à justice et obtenir un jugement, ce qui donnerait naissance alors à une hypothèque judiciaire.

D'autres vont plus loin et estiment que le jugement déclarant la valeur des immeubles suffisante pour dispenser de la caution, confère par lui-même une hypothèque sur lesdits immeubles en faveur du français défendeur et cela en vertu de l'article 2123 du Code civil.

Il nous paraît que les termes mêmes de l'article 2123 rendent impossible un pareil effet du jugement dont s'agit : « L'hypothèque judiciaire, dit cet article, résulte des jugements soit contradictoires, soit par défaut, définitifs ou provisoires, *en faveur de celui qui les a obtenus.* » Il est certain qu'il eût mieux valu dire : *au profit de celui en faveur de qui ils ont été rendus* ». Mais c'est bien ce que le législateur, qui parlait le langage du palais, a voulu dire ; en un mot, il y a hypothèque pour assurer l'exécution d'une condamnation : or, dans notre espèce, il y a un débouté et le défendeur à l'exception triomphe ; il n'est donc pas possible d'appliquer les dispositions de l'article 2123.

Certes nous le regrettons, car l'existence d'immeubles, même de valeur suffisante, ne nous paraît pas une garantie parfaite, puisque pendant le cours de l'instance, l'étranger demandeur pourra les aliéner ou les hypothéquer jusqu'à les couvrir complètement. Nous croyons donc qu'il sera toujours bon dans la pratique de conclure à ce qu'il plaise au tribunal ordonner la présentation de la caution *judicatum solvi,* nonobstant l'existence d'immeubles, subsidiairement dire qu'une hypothèque sera consentie sur lesdits immeubles jusqu'à concurrence de la somme à laquelle pourra être évalué le montant des frais, dommages, etc., devant résulter du jugement à intervenir.

Il est, à notre avis, certain que l'étranger autorisé par décret à fixer son domicile en France et qui, à ce titre, aux termes de l'article 13, y jouit de tous les droits civils, ne pourra être tenu de fournir caution.

Il reste enfin comme dispensée de caution, toute la catégorie des étrangers appartenant à des nations dont les gouvernements ont conclu des traités à ce sujet avec la France.

Mais nous nous empressons de déclarer que, d'après nous, la règle de l'article 16 doit fléchir seulement devant une clause expresse d'un traité revêtu de toutes les formalités législatives, parce que l'article 16 constitue une loi, dont une autre loi seule peut limiter ou modifier l'application ou la portée.

Pour nous donc la clause d'un traité, qui donne la force exécutoire en France aux jugements étrangers d'un pays, ne dispense pas les sujets dudit pays de fournir caution.

Il en est de même de la clause de nombreux traités qui donnent aux nationaux des pays auxquels on les a consentis le *libre et facile accès* devant nos tribunaux. Nous savons que l'opinion contraire à la nôtre compte peut-être une majorité de partisans dans la doctrine et la jurisprudence. Mais pour nous qui pensons que l'article 16 ne rend l'accès de nos tribunaux ni moins justement lbre, ni moins légitimement facile, nous persistons à lne le priver de ses effets qu'en présence d'une clause formelle.

Nous avons la satisfaction de constater que le pouvoir législatif semble penser comme nous ; car dans le traité serbe du 18 janvier 1883, après la clause de *libre et facile accès* et la jugeant probablement insuffisante, on a inséré un article 5 disant expressément qu'aucune caution ni aucun dépôt ne pourront être exigé des serbes qui auront à poursuivre une action en France.

La règle qui doit servir à déterminer le montant de la caution est contenue dans l'article 166 du Code de procédure civile que nous avons transcrit en tête de notre paragraphe ; elle est aussi en germe dans l'article 16 du C. civ. ; la caution doit garantir les frais et dommages-intérêts auxquels le demandeur pourrait être condamné. Telle est la base sur laquelle doit s'appuyer le tribunal pour fixer l'importance de la somme à cautionner.

La caution *judicatum solvi* n'étant pas d'ordre public puisqu'elle est requise dans l'intérêt exclusif du défendeur, ce dernier peut y renoncer et il est présumé le faire s'il ne l'invoque pas *in limine litis* et, avant toute exception, aux termes de l'article 166. Une difficulté s'est soulevée d'elle-même au sujet de l'exception d'incompétence en présence des termes de l'article 169 du Code de proc. civ., qui dispose qu'elle doit être soulevée : « préalablement à toutes autres exceptions et défenses ». Nous croyons que malgré cette disposition la

demande de caution doit être présentée la première ;
elle ne constitue pas à proprement parler une exception
et elle n'est point une défense. De plus l'objet que s'est
proposé le législateur risquerait de ne point être atteint,
si l'exception d'incompétence pouvait être discutée et
jugée avant la question de caution *judicatum solvi ;*
car le débat sur la compétence peut entraîner des frais
considérables devant toutes les juridictions.

CHAPITRE II

———

Contestations entre étrangers.

———

CONSIDÉRATIONS GÉNÉRALES.

Pour déterminer les règles de la compétence de nos tribunaux dans les contestations qui peuvent surgir entre étrangers, nous n'avons plus pour nous guider aucune disposition de nos Codes. Nos lois sont muettes sur cette matière et il nous faudra dégager des solutions contradictoires qui ont été données, celles qui nous paraîtront les plus conformes à l'équité, aux principes généraux du droit, à ceux de la législation moderne de la France et des nations étrangères.

Les travaux préparatoires du Code civil eux-mêmes ne nous donnent sur la question que des indications vagues et superficielles, fournies incidemment dans la discussion de l'article 14 du Code civil.

Dans la séance du Conseil d'Etat du 6 Thermidor an IX, le consul Cambacérès dit : « Qu'il est nécessaire d'ajouter à cet article une disposition pour les étrangers qui, ayant procès entre eux, consentent à plaider devant un tribunal français. » Après une courte discussion sur la caution « *judicatum solvi* », M. Defermon rappelle la seconde exception proposée par le consul Cambacérès pour les étrangers qui, ayant procès l'un contre l'autre, consentent à plaider devant un tribunal français ; il considère ce consentement comme un arbitrage qui doit avoir son effet. Il demande si un étranger peut traduire devant un tribunal français un autre étranger qui a contracté avec lui une dette payable en France. M. Tronchet répond que le principe général est que le demandeur doit porter son action devant le juge du défendeur ; que cependant dans l'hypothèse proposée, le tribunal aurait le droit de juger, si sa juridiction n'était pas déclinée. M. Defermon observe que ce serait éloigner les étrangers des foires françaises que de leur refuser le secours des tribunaux pour exercer leurs droits sur les marchandises des étrangers avec lesquels ils ont traité. M. Réal répond que dans ce cas les tribunaux de commerce prononcent. M. Tronchet ajoute que la nature des obligations contractées en foire ôte à l'étranger défendeur le droit de décliner la juridiction des tribunaux français. Mais l'article en discussion ne préjuge rien contre ce principe : il est positif ; on ne peut donc en tirer une conséquence négative ; il ne statue que sur la manière de décider les contestations entre français et étrangers, et ne s'occupe pas des procès entre étrangers. L'article est mis aux voix et adopté (1).

(1) Locré, II, p. 44.

Telle fut la discussion au Conseil d'Etat sur cette question si importante ; il en résulte que les rédacteurs du Code, tout en laissant entrevoir les solutions à donner, n'ont pas voulu trancher la question de compétence de nos tribunaux.

Néanmoins les contestations entre étrangers se sont renouvelées sans cesse, soulevant chaque fois la question de compétence de nos tribunaux. La jurisprudence a donc dû suppléer au silence de la loi et des arrêts souvent contradictoires, il se dégage un système général qu'il convient d'étudier avant d'entrer dans les discussions de détail.

En principe la jurisprudence proclame l'incompétence des tribunaux français sur les contestations entre étrangers.

Nous allons étudier les motifs principaux qui ont déterminé la jurisprudence et les discuter.

1° Les tribunaux français, a-t-on prétendu, ne doivent la justice qu'aux nationaux. Nous trouvons dans un arrêt de la Cour de Colmar du 30 décembre 1815, dont l'idée générale est reproduite dans un grand nombre de décisions plus récentes (1) que « si le droit de rendre la justice est un des apanages de la souveraineté, celui de la réclamer et de l'obtenir est un avantage que le sujet est fondé à exiger de son souverain ; que, sous ce double rapport, chaque monarque ne doit la justice qu'à ses sujets et doit la refuser aux

(1) Cass., 8 avril, 14 avril 1818, 2 avril 1833, 27 janvier 1857, 10 mars 1858 ; Rouen, 23 avril 1855 ; Lyon, 25 février 1857.

étrangers, à moins qu'il n'ait intérêt bien reconnu
à faire juger le procès dans ses Etats, ou qu'il n'y ait
dans les traités des stipulations dérogatoires. »

On peut répondre à cela qu'on ne voit pas trop où ce
prétendu principe a été posé ; on n'en voit trace nulle
part et on peut dire au contraire avec M. Laurent, que
« la justice n'est ni un droit, ni un avantage, ni un
intérêt. C'est avant tout un devoir que la société est
tenue de remplir. Ne doit-elle la justice qu'aux indi-
gènes ? Non, car la justice est universelle de sa nature,
comme l'idée divine d'où elle émane ; elle est donc due
à l'homme et non au citoyen. C'est pour sauvegarder
l'ordre public qu'il y a des tribunaux, et l'ordre public
demande que tout procès soit vidé. Il n'y a pas à s'en-
quérir si les parties sont françaises ou étrangères.
L'ordre public est troublé dès qu'un litige reste sans
solution ; peu importe qu'il s'élève entre étrangers ou
entre français ; car c'est dire à ceux que l'on renvoie
qu'ils se fassent eux-mêmes justice, ce qui conduit à
l'anarchie et à la dissolution de la société (1). » Nous trouvons la même opinion défendue avec la même énergie
par MM. Martens et Vattel (2). N'y aurait-il pas en effet
un certain illogisme à refuser de rendre justice à des
étrangers plaidant entre eux, alors que l'article 15 permet à un étranger de se porter demandeur contre un
français devant nos tribunaux ?

(1) Laurent. *Principes de Dr. civ.*, I, p. 549.
(2) Martens, *Précis du Dr. des gens*, § 92 ; Vattel, *Dr. des gens*,
II, § 103.

2° Une seconde raison invoquée par la jurisprudence consiste à prétendre qu'il serait difficile à nos tribunaux de connaître toutes les dispositions des lois étrangères et de les appliquer (Paris, 5 juin 1861) aux plaideurs étrangers. Il nous est impossible de considérer cet argument comme bien sérieux ; il n'est pas, dans tous les cas, concluant, car les occasions sont nombreuses pour nos tribunaux d'appliquer les lois étrangères. Faut-il citer notamment les cas de procès entre français et étrangers bénéficiant des articles 14 et 15 du Code civil et aussi entre étrangers autorisés à établir leur domicile conformément à l'article 13, ou usant des avantages d'un traité de leur nation avec la France. Nous rappelons encore les cas prévus par les articles 47, 170, 999, du Code civil. Et lorsqu'il s'agit de rendre exécutoires en France les jugements obtenus par des étrangers en leur pays sur leur état et leur capacité, le juge français ne doit-il pas se rendre compte de la législation étrangère ; dans ce dernier cas même c'est d'autant plus nécessaire que les tribunaux, avant d'accorder leur *exequatur*, examinent sur le fond même la décision qui leur est soumise. L'obligation d'appliquer les lois étrangères ne peut donc être considérée comme un motif sérieux d'incompétence.

3° La jurisprudence s'appuie encore sur cette raison qu'il résulte de la maxime : *actor sequitur forum rei*, consacrée par le Code de procédure, que le tribunal compétent doit être celui du domicile du défendeur et que dès lors les tribunaux étrangers sont seuls compétents quand l'étranger défendeur a un domicile dans son pays, ce qui est le cas le plus fréquent. Cet argument repose sur une équivoque ; l'article 59 du Code de procédure auquel il est fait allusion s'occupe, en effet, de la compétence de nos tribunaux et admet le principe de la maxime précitée, mais il détermine seulement une compétence spéciale en indiquant lequel des tribunaux français sera compétent ; il suppose donc admise en principe la compétence des tribunaux français en général, et se borne à déterminer celui d'entre eux devant lequel il faut assigner. La maxime précitée peut donc être considérée comme vraie en tant qu'elle s'applique à la compétence spéciale de tel ou tel tribunal de France, mais elle ne constitue pas une règle de droit international, pouvant mettre obstacle à la compétence de nos tribunaux dans tous les cas où le défendeur a un domicile dans son pays. D'ailleurs, si cette règle était admise, les tribunaux français ne seraient jamais compétents quand l'étranger défendeur n'est pas domicilié en France. Cependant, il est hors de doute qu'ils le sont dans divers cas, malgré cette circonstance, et notamment dans les causes commerciales.

4° On a dit, enfin, que si les tribunaux français étaient compétents pour juger les contestations entre étrangers, l'expédition des affaires intéressant des français en souffrirait certainement. Empressons-nous de déclarer que les partisans eux-mêmes du système de la jurisprudence ont reconnu que ce n'était pas là une raison déterminante. (Férand-Giraud, *Droit inter.*, 1880.)

Tels sont les principaux arguments sur lesquels prétend s'appuyer la jurisprudence. De cet ensemble de doctrine on devrait conclure que l'incompétence de nos tribunaux pour connaître des contestations entre étrangers est d'ordre public, *ratione materiæ*, absolue. Or, il est loin d'en être ainsi et nulle règle, au contraire, n'a souffert autant d'exceptions imposées par la nature du litige, le droit commun, les conventions internationales, les nécessités pratiques. On dit vulgairement que les exceptions confirment la règle ; dans notre cas, elles l'ont anéantie ; si bien que l'on peut dire, sans exagération, que les causes sont rares dans lesquelles l'extranéité des parties fait obstacle à la compétence de nos tribunaux.

Nous allons étudier ces exceptions en essayant de montrer dans quelles circonstances et pour quels motifs la jurisprudence a dérogé au principe qu'elle proclame ; pourquoi dans certains cas elle a décidé que la compétence de nos juges était obligatoire et dans d'autres facultative. D'où la division naturelle de notre étude :

1º Compétence obligatoire ;
2º Compétence facultative.

Section 1.

Compétence obligatoire.

Dans les cas que nous allons examiner, la jurispru-

dence reconnaît la compétence obligatoire des tribunaux français, c'est-à-dire leur refuse la faculté de se
dessaisir de la cause qui leur est soumise alors même
que l'un des plaideurs soulèverait l'exception d'incompétence.

I. — Ainsi que nous avons déjà eu l'occasion de l'indiquer plus haut, les tribunaux français, quelle que
soit la nationalité des parties, sont compétents pour
connaître de toutes les actions réelles immobiliéres et
juger toutes les contestations relatives à des immeubles
situés en France.

Cette compétence s'étend à la transmission des biens
immobiliers par succession *ab intestat* ou testamentaire, même lorsque tous les héritiers sont étrangers.

La dévolution des successions immobilières tient en
effet à l'organisation politique et sociale d'un pays et
constitue une question d'ordre public,

Bien que ce principe soit établi par plusieurs traités
diplomatiques et notamment par la convention sur le
règlement des successions entre la France et la Russie
du 20 mars 1874, bien qu'il soit consacré par la jurisprudence (1), il a été vivement combattu par M. de Sa-
vigny en son *Traité de droit romain* (t. VIII, p. 375).

La théorie soutenue par l'éminent jurisconsulte qui,
d'ailleurs a trouvé de notables partisans, veut que la
succession, abstraction faite de la nature des biens qui

(1) Cassat., 22 mars 1865, 5 déc. 1871, 31 mars 1874, 2 avril 1884,
20 juin 1887 ; Paris, 29 juin 1888.

la composent, soit régie par la loi nationale du *de cu-jus*, dont le législateur a dû rechercher l'intention pro-bable, lorsqu'il a réglé la dévolution des successions *ab intestat*. Cette volonté présumée du défunt est une et la loi qui la présume ne peut changer suivant les pays où sont situés les immeubles. On devrait dès lors nier aux tribunaux français la compétence à l'égard des immeubles laissés en France par un étranger. Cette doctrine qui a été adoptée, ainsi que nous l'avons dit, par le Code civil italien dans son art. 8, ne paraît pas compatible avec les intérêts politiques et économiques d'un Etat et porterait une grave atteinte à sa souveraineté.

C'est ce qu'a jugé, dans des circonstances toutes spéciales, la Cour de Paris encore le 31 décembre 1889, confirmant avec adoption de motifs un jugement du tribunal de la Seine, en date du 9 août 1887. Il s'agissait dans l'espèce d'une demande en partage du prix d'immeubles héréditaires situés en France, délaissés par un étranger à des successeurs espagnols et italiens et qui avaient été licités. La majorité des héritiers demandaient que les sommes provenant de la vente fussent transférées en Espagne, réunies aux autres valeurs de la succession pour que le tout fût liquidé conformément aux lois espagnoles. Un seul des héritiers, de nationalité italienne, demandait, au contraire, que le partage du prix des immeubles licités, fût fait par un notaire français, suivant les dispositions de la loi française.

C'est ce que décida le tribunal de la Seine, par appli-

F   11

cation de l'article 3 du Code civ., et son jugement fut confirmé par la Cour, motifs pris notamment de ce que « la transformation des immeubles en valeurs mobilières ne saurait modifier les règles applicables à la succession immobilière (1). »

II. — Les tribunaux français sont compétents lorsque l'une ou l'autre des parties a été autorisée par décret à fixer son domicile en France et se trouve dans la période de cinq ans impartie par la loi du 26 juin 1889. (Art. 13, Code civ.)

La question, à s'en tenir aux termes mêmes de ce que nous venons d'énoncer, ne peut présenter aucune difficulté ; l'article 13 du Code civil assure aux étrangers admis à domicile la jouissance de tous les droits civils. Ils n'ont donc d'autres juges naturels que les juges français ; ils bénéficient des dispositions des articles 14 et 15 du Code civil. On est unanime sur ce point.

Que décider, s'il y a domicile de fait, sans qu'il soit jamais intervenu de décret d'autorisation, ou que l'effet dudit décret ait cessé ?

Ce domicile de fait est-il attributif de juridiction ? En d'autres termes, un étranger peut-il acquérir domicile en France en dehors du cas où il y est autorisé par décret ?

On s'est divisé sur ce point. Quelques auteurs, parmi lesquels MM. Duranton et Demolombe, soutien-

(1) Succession de la reine Christine d'Espagne, D. 91, 2,42.

nent que l'autorisation du gouvernement est nécessaire à l'étranger pour acquérir domicile en France ; qu'ainsi le veut l'article 13 du Code civil, et que l'article 102 du même Code, qui donne la définition du domicile, est relatif seulement à celui des Français. Ils invoquent en outre un discours du tribun Gary devant le Corps législatif, dans lequel il est dit notamment : « J'observe sur l'article 13 qu'il n'y a aucune objection contre la disposition qui veut que l'étranger ne puisse établir son domicile en France s'il n'y est admis par le gouvernement. » On s'appuie enfin sur un arrêt du Conseil d'Etat du 20 prairial an XI, qui dit formellement : « Dans tous les cas où un étranger veut s'établir en France, il est tenu d'obtenir la permission du gouvernement. » Ce système compte en sa faveur plusieurs arrêts qui déclarent nettement que l'étranger domicilié de fait sans autorisation, n'est pas justiciable de nos tribunaux (1).

Certains partisans de ce système cependant, ainsi que le font remarquer MM. Aubry et Rau, reconnaissent virtuellement que ce domicile de fait est susceptible de rendre nos tribunaux compétents.

Un autre système soutient au contraire que l'étranger peut acquérir un domicile en France sans demander l'autorisation du gouvernement. Qu'est-ce en effet que le domicile? C'est le lieu où une personne est fixée avec l'intention d'y établir et d'y conserver son princi-

(1) Cass., 2 avril 1833 ; Rouen, 29 avril 1840 ; Paris, 12 juillet, 23 juillet 1870.

pal établissement ; c'est là un fait indépendant de toute autorisation. Le décret exigé par l'article 13, n'a pas pour effet l'établissement du domicile, mais la jouissance des droits civils, ce qui est bien différent. La loi ne refuse pas à l'étranger un domicile en France, mais pour qu'il puisse en même temps jouir des droits civils, il faut qu'il soit admis à l'établir avec l'autorisation du gouvernement. C'est même ce qui explique l'addition des mots « qui aura été admis » proposés par le Premier Consul lors de la discussion de la première rédaction de l'article 13 du Code civil, qui accordait la jouissance des droits civils à l'étranger simplement domicilié. L'article 13 en somme est relatif à une mesure politique, la naturalisation. On trouve même dans un arrêt de la Cour de cassation du 30 novembre 1814, que l'article 13 du Code civil, a pour objet unique d'indiquer comment un étranger peut acquérir la jouissance des droits civils et qu'il ne statue rien sur la compétence.

Quant à l'article 102 du Code civil, il ne donne la définition du domicile relativement aux français, que pour le distinguer du domicile pour l'exercice des droits politiques dont les étrangers ne jouissent point.

Pour ce qui est de l'avis du Conseil d'Etat du 20 prairial an XI, il est loin d'être concluant : il faut en effet entendre cette décision *secundum subjectam materiam*, ainsi que le font remarquer MM. Merlin et Demangeat ; or ou consultait le Conseil d'Etat seulement sur le point de savoir si l'étranger avait besoin de l'autorisation du gouvernement pour acquérir un domicile lui permettant d'arriver à la naturalisation. Cet avis du reste n'a jamais été inséré au *Bulletin des lois*, et n'a pas force législative.

Le tribun Gary s'est uniquement occupé dans son discours de la manière dont un étranger peut acquérir la jouissance des droits civils, et a rapporté tout ce qu'il a dit à cet objet.

On a encore objecté qu'un étranger ne peut avoir un domicile en France, s'il a un domicile d'origine et n'a pas perdu l'esprit de retour. Cela ne constitue pas un argument, parce que ce sera là une question de fait qui sera soumise, conformément aux articles 103 et 105, à l'appréciation des tribunaux. L'ancienne jurisprudence ne faisait aucune difficulté pour reconnaître ce domicile aux étrangers, et Merlin nous déclare que telle était la doctrine universellement admise avant le Code civil (1). Ce système a été soutenu aussi par un grand nombre d'auteurs (2), et confirmé par plusieurs arrêts (3). Nous l'admettons aussi tel que nous venons de l'exposer et pour les motifs que nous avons développés.

Le principe de la possibilité pour les étrangers d'acquérir un domicile en France une fois établi, la solution de la question de compétence en pareil cas est à l'abri de toute discussion. Ce seront les tribunaux français, les tribunaux du domicile de ces étrangers qui seront devenus leurs propres tribunaux et ils tombent

(1) Repert, *Divorce*, sect. II § 10 ; deux arrêts, 9 thermidor an II, 22 avril 1806.
(2) Merlin, Legat, Demergeat, Valette, Boufils, Laurent, Renoult.
(3) Pau, 3 décembre 1836 ; Douai, 14 janvier 1842.

sous l'application de la règle générale *Actor sequitur forum rei*. Hâtons-nous d'ajouter que ce point ne fait plus de doute dans la jurisprudence qui, après quelques hésitations, a reconnu aux étrangers un domicile de fait attributif de juridiction.

Mais ce serait faire une confusion que de rapprocher l'idée de domicile de l'idée de jouissance des droits civils ; elles n'ont rien de commun entre elles. L'étranger peut, en effet, acquérir en France un domicile de fait attributif de juridiction, mais comme il n'obtient pas ainsi la qualité de français, nous repoussons absolument la doctrine de certains arrêts qui ont fait profiter l'étranger demandeur du bénéfice de l'article 14, en l'assimilant complètement à un français (1).

Un étranger qui n'aurait en France qu'une résidence, ayant conservé son domicile en pays étranger, pourrait évidemment décliner la juridiction française dans une contestation avec un autre étranger, mais il doit établir qu'il a conservé un domicile à l'étranger ; car, dans le cas contraire, et si sa résidence en France lui tenait lieu de domicile, il pourrait enlever tout moyen d'action à son adversaire. S'il ne pouvait faire cette preuve, les tribunaux français seraient compétents. Ce principe a été sanctionné par la Cour de Cassation le 8 avril 1851 : « Attendu, dit la Cour, que Moser, en déclinant comme étranger la compétence des tribunaux français, devenait demandeur en une exception et était

_____

(1) **Paris**, 30 mai 1808 ; Cass., 24 avril 1827 ; Douai, 14 janv. 1842 ; Rouen, 1864 ; Aix, 28 août 1872.

tenu de justifier de son moyen d'extranéité ; que l'arrêt attaqué constate non seulement qu'il réside depuis longtemps en France, mais encore qu'il ne justifie d'aucun domicile dans aucun lieu ; qu'il suit de là que Moser n'a pas fait la preuve à laquelle il était tenu ; qu'il ne peut, par de vagues allégations, se jouer en quelque sorte de la partie adverse et la réduire à l'impossible, rejette..... (1). »

Nous nous rangeons à la doctrine de cet arrêt et nous estimons, en effet, que cette longue résidence en France de l'étranger sans domicile en son pays, constitue pour lui un domicile de fait attributif de juridiction.

La jurisprudence admet également que nos tribunaux sont compétents lorsque les parties, ou tout au moins le défendeur, ont fait dans un acte, source de l'obligation ou postérieur au contrat, élection de domicile en France. La compétence résulte, en effet, dans ce cas, de l'article III du Code civil.

En résumé, il résulte de cette discussion que nos tribunaux seront compétents obligatoirement, lorsque les étrangers ou l'un d'eux auront, en France, un domicile autorisé ou bien un domicile de fait réel. C'est la conclusion à laquelle arrive la jurisprudence qui applique alors l'article 59 du Code de procédure et appuie sa doctrine sur les dispositions qu'il contient.

Cette conclusion serait parfaitement naturelle et

---

(1) Dans le même sens. Caen, 5 janvier 1846; Paris, 5 janvier 1852. En sens contraire. Paris, 23 juillet 1870.

logique pour nous qui admettons en principe que les tribunaux français peuvent connaître des contestations entre étrangers, mais elle ne l'est pas pour la jurisprudence qui, après avoir proclamé d'abord l'incompétence comme règle, appuie l'abandon de sa propre doctrine sur l'article 59 qui spécialise la compétence et la suppose au préalable hors de discussion.

III. — La jurisprudence reconnaît éga'ement la compétence obligatoire de nos tribunaux, lorsque les contestations entre étrangers sont relatives au commerce et qu'on se trouve dans un des cas prévus par l'article 420 du Code de procédure. Bien qu'au début elle ait hésité à déclarer cette compétence obligatoire (1), elle paraît cependant aujourd'hui définitivement fixée dans ce sens (2). C'était du reste le système toujours suivi dans notre ancien droit : les édits de 1535 et de 1565, les ordonnances de 1673 et 1678, avaient toujours décidé que dans les contestations commerciales, nos tribunaux devaient connaître des procès entre étrangers. La jurisprudence actuelle déclare que l'article 420 du Code de procédure est général et doit s'appliquer aussi bien aux étrangers qu'aux français, car il n'établit pas de distinction entre eux.

L'article 420 est ainsi conçu :

« Article 420. — Le demandeur pourra assigner à son choix :

(1) Cass., 30 nov. 1814, 9 avril 1818.
(2) Bordeaux, 11 mars 1865, 5 août 1868 ; Nancy, 22 nov. 1873 ; Cass., 12 janvier 1875.

« Devant le tribunal du domicile du demandeur ;

« Devant celui dans l'arrondissement duquel la promesse a été faite et la marchandise livrée ;

« Devant celui dans l'arrondissement duquel le payement devait être effectué. »

Pour ceux qui, comme nous, admettent en principe la compétence des tribunaux, il n'y a pas de difficulté à admettre l'application de l'article 420, mais comment la jurisprudence peut-elle argumenter de l'article 420 pour étendre la compétence sur les contestations commerciales entre étrangers ? L'article 420, pas plus que l'article 59 du Code de proc. dans le cas précédent, ne peut établir la compétence de nos tribunaux. Il fait partie des lois de procédure relatives aux contestations entre français, qui ont pour objet de déterminer la compétence respective des différents tribunaux dont les ressorts se partagent le territoire, mais nullement d'édicter des règles internationales de compétence. Il faut, pour son application, que la compétence générale soit déjà reconnue, et on ne conçoit pas que l'on puisse en argumenter pour établir cette même compétence.

On prétend qu'en matière commerciale on doit faire abstraction de la qualité d'étranger. Mais pourquoi cette abstraction en matière commerciale plutôt qu'en matière civile ? Où en voit-on la cause ? En réalité le principal argument est que les actes de commerce sont du droit des gens (1). Mais est-ce que le droit des gens ne comprend que les affaires commerciales ? Et cet ar-

(1) Cass., 24 avril 1827 ; Dalloz, Repert, V. *Droit civil*, n° 344.

gument n'est-il pas au contraire le renversement de la théorie de la jurisprudence (1). Cette raison ne prouve rien spécialement, ou bien elle prouve trop et elle établirait la compétence générale de nos tribunaux, quelle que soit la nature de la contestation entre étrangers.

Cette dérogation de la jurisprudence n'est donc pas juridiquement justifiée et ne se comprend que par la nécessité où elle s'est trouvée d'être illogique avec elle-même pour obéir à des raisons d'utilité publique, à des besoins pratiques, et aux exigences impérieuses des affaires.

IV. — Les tribunaux français sont encore compétents quand il s'agit de procès se rapportant à des mesures de police et de sûreté générale. L'article 3 du Code civil est en effet ainsi conçu : « Article 3. — Les lois de police et de sûreté obligent tous ceux qui habitent ce territoire..... »

Il est incontestable que les tribunaux français sont absolument compétents pour connaître des contraventions à ces règles d'ordre public. Chaque État a le droit et le devoir de veiller à sa conservation qui serait compromise si on pouvait impunément enfreindre ses lois de police. Nos juges sont également compétents pour statuer sur les réclamations d'un étranger qui a souffert d'un crime ou d'un délit commis par un autre étranger et poursuivi devant les tribunaux de répression, lorsque l'action civile est jointe à l'action publique;

(1) En ce sens. Caen, 5 janvier 1846.

il n'y a aucun doute sur ce point qui est universellement admis (1).

Mais que décider si l'action civile est poursuivie
séparément devant les tribunaux civils? La question a
fait l'objet d'une controverse. Les uns, parmi lesquels
MM. Fœlix, Demangeat, Bonfils ont soutenu que la
compétence était seulement facultative. Quant à nous,
nous disons avec M. Massé « que l'article 3 du Code
d'instruction criminelle, en permettant de poursuivre
l'action civile, soit devant les juges saisis de l'action
publique, soit séparément, ouvre une faculté dont il
n'y a pas de raison de priver l'étranger, qui, sans
cela, serait contraint de se porter partie civile sur l'action publique et de courir ainsi le risque de supporter
tous les frais de la poursuite criminelle. »

Pourquoi, d'ailleurs, les tribunaux seraient-ils compétents obligatoirement ou facultativement suivant que
l'action civile est ou non concomitante à l'action
publique? Il n'y a aucune raison.

La compétence est encore obligatoire en ce qui
touche aux lois de police pour toute affaire qui se rapporte à la sûreté des personnes et au maintien du bon
ordre. C'est ainsi que l'autorité judiciaire peut ordonner les mesures conservatoires et provisoires que
peuvent nécessiter les circonstances. Ils peuvent
notamment autoriser la femme étrangère à quitter le
domicile conjugal et confier la garde des enfants à des
personnes honorables quand leur sûreté se trouve

(1) Cass., 15 août 1842 ; Bordeaux, 11 août 1843.

compromise (1), ou bien ordonner à ladite femme de réintégrer ce domicile (2), condamner un mari ou une fille à fournir une pension alimentaire à l'épouse ou à la mère (3). Ce sont là, en effet, des mesures urgentes sanctionnant des obligations de morale universelle et commandées par la nécessité de maintenir l'ordre public et de faire cesser des injustices choquantes.

Dans le même ordre d'idées, nos tribunaux seront compétents pour prononcer la faillite d'un étranger établi en France. La faillite est en effet, avant tout, une mesure conservatoire. On a objecté que la faillite faisait partie des droits civils propres à une nation, qu'elle est une création arbitraire de la loi positive et qu'un étranger ne peut être déclaré en faillite qu'en cas de réciprocité établie avec sa nation. Mais la Cour de Cassation, dans son arrêt du 24 novembre 1857, a rejeté cette opinion : « Attendu, dit la Cour, que l'état de faillite, loin d'être le résultat de l'exercice d'un droit civil soumis à la réciprocité de l'article 2 du Code civil, n'est que la conséquence de fait de la cessation des payements, fait dont la constatation judiciaire est ordonnée dans un intérêt d'ordre public ; Attendu que la loi qui impose principalement, au commerçant failli, l'obligation d'assurer cette constatation par sa déclaration personnelle de la cessation de ses payements, lui inflige des peines, soit à raison de l'inobservation de ce devoir, soit à raison de certains faits con-

(1) Poitiers, 15 juin 1841 ; Paris, 23 juin 1853 ; 24 août 1875.
(2) Evreux, 16 février 1861 ; Alger, 6 juin 1870.
(3) Bastia, 11 avril 1843.

sommés pendant sa gestion commerciale : qu'elle a ainsi le caractère d'une loi de police, obligeant tous ceux qui habitent le territoire français (1). » C'est donc principalement une mesure de protection des créanciers contre le débiteur.

Si un commerçant possédait plusieurs établissements ce serait le tribunal du principal établissement qui devrait déclarer la faillite,.mais il faut admettre également qu'un tribunal aurait le droit de déclarer la faillite même d'un établissement secondaire, sauf à s'en dessaisir si le tribunal, dans le ressort duquel se trouve le principal établissement, venait à la déclarer aussi.

Mais, en s'appuyant sur l'article 3 du Code civ., peut-on ranger parmi les mesures conservatoires et obligatoires, non seulement celles qui ont pour but de garantir et sauvegarder l'ordre public, mais aussi celles qui n'ont d'autre but que de préserver les intérêts privés et pécuniaires de l'étranger ?

La question se pose principalement lorsqu'un créancier étranger veut saisir-arrêter en France des sommes qui sont dues à son débiteur étranger comme lui.

Il faut tout d'abord écarter l'hypothèse où un étranger, muni d'un titre exécutoire émané des autorités françaises, ou même d'une autorité étrangère, mais revêtu de l'exéquatur, veut opérer une saisie. Dans ce cas la compétence du tribunal français pour déclarer la validité de la saisie est incontestable. Mais que décider

---

(1) Seine, 18 août 1875.

dans le cas où l'étranger opère cette saisie en vertu
d'un titre non exécutoire ou sous-seing privé?

Si le tribunal français, malgré l'extranéité des parties est compétent pour statuer sur le fond, il est évident qu'il pourra valider la saisie arrêt.

Quel parti prendre si la compétence n'existe pas sur
le fond même de la contestation?

On peut considérer la saisie-arrêt comme une mesure d'exécution ou comme une mesure conservatoire.
Dans le premier cas, elle se rattache au fond du procès
et alors, le tribunal étant incompétent, selon la doctrine de la jurisprudence, pour statuer sur la demande
en validité, quant au fond, devait être aussi incompétent pour statuer sur la forme (1).

Ce système combattu par la majorité des auteurs (2),
n'est pas celui de la Cour de cassation (3) qui veut que
la saisie-arrêt soit une mesure conservatoire.

Pour nous, sans prendre parti dans cette discussion,
puisque nous admettons qu'en principe l'étranger a
droit à la justice française, nous pensons que même en
considérant la saisie-arrêt comme un acte conservatoire,
c'est une pure allégation de la part de la jurisprudence
de déclarer que par cela seul nos tribunaux sont compétents. Il est difficile, en effet, d'admettre que les dispositions de procédure concernant la saisie-arrêt soient
des lois de police et de sûreté de nature à faire fléchir

(1) C. Lanneau, Carré, Fœlix ; Paris, 6 août 1817, 9 déc. 1845 ;
Aix, 13 juillet 1831 ; Douai, 12 juillet 1844.
(2) Legat, Roger, Demangeat, Massé, Boufils.
(3) Cass., 23 mars 1868.

le principe proclamé d'incompétence. La saisie-arrêt.
il est vrai, diffère beaucoup des mesures d'exécution
ordinaires ; on peut d'abord y procéder en l'absence
même de tout titre exécutoire et en vertu d'une autorisation du juge sur simple requête ; elle se rapproche
donc à ce point de vue des actes conservatoires. Or, les
tribunaux français ont toujours été reconnus compétents pour ordonner des mesures conservatoires. Dans
notre espèce on a décidé que le tribunal apprécierait
la saisie-arrêt quant à la forme, qu'il la maintiendrait
provisoirement, s'il y avait lieu, afin de donner une
garantie au saisissant et qu'il sursoierait à se prononcer sur la validité jusqu'à ce que le saisissant ait fait
juger sa prétention par des juges compétents dans un
délai déterminé (1).

En réalité la jurisprudence tranche la question par
un circuit d'actions. Le même tribunal qui s'est déclaré
incompétent pour le fond, sera obligé de juger les
mêmes prétentions, puisque, après avoir obtenu un
jugement en pays étranger, le saisissant sera tenu de
le rendre exécutoire en France ; de sorte qu'en définitive le juge français aura à examiner, à fin de revision,
le fond de la contestation.

C'est là une bizarrerie que l'on pourrait éviter en
renonçant franchement à ce principe d'incompétence
qu'on ne rappelle à chaque occasion que pour le
violer.

_____

(1) En ce sens. Paris, 29 janvier 1850 ; Cass., 23 mars 1858 ; Bordeaux, 30 nov. 1869.

V. — Les tribunaux français sont encore compétents pour connaître des actions en garantie intentées par un étranger contre un autre étranger lorsqu'elles sont la conséquence d'une demande principale qui est de leur compétence, ou bien lorsqu'un tiers étranger intervient dans une instance pendante entre étrangers et français, à la condition qu'il y ait connexité entre les deux actions. La jurisprudence admet même que la compétence s'étend en pareil cas aux questions d'Etat sur lesquelles les tribunaux ont cependant toujours refusé de statuer (1). Ainsi les juges français peuvent statuer sur la validité d'un mariage célébré à l'étranger entre étrangers quand la question est soulevée à propos d'une action en partage dont ils doivent connaître (2).

C'est encore là une contradiction, étant donné le système général de la jurisprudence. On devrait renvoyer la connaissance de la demande incidente ou en garantie aux tribunaux étrangers compétents. Pourquoi et comment en effet appliquer les règles qui régissent une compétence que l'on ne veut pas admettre.

VI. — La justice française est encore compétente obligatoirement à l'égard des sujets d'un pays avec lequel le gouvernement, usant de la faculté que lui accorde l'article 2 du Code civil a conclu un traité leur reconnaissant tout ou partie des droits civils.

(1) Seine, 11 mai 1877.
(2) Cass., 15 avril 1861.

Le plus ancien de ces traités est le traité d'Utrecht, conclu le 11 avril 1713 entre la France et l'Angleterre, et attribuant aux tribunaux français juridiction sur les contestations entre anglais (art. 8). Dans un débat célèbre en 1857, fut soulevée la question de savoir si ce traité était toujours en vigueur. La Cour de Cassation, décida, par son arrêt du 27 janvier 1857, que le traité de 1713 n'est plus en vigueur, motif pris principalement de ce qu'il n'avait pas été enregistré. On peut dire d'ailleurs que l'article 13 du Code civil n'a fait qu'étendre à tous les étrangers les dispositions que le traité d'Utrecht avait édictées en faveur des seuls anglais.

Un autre traité est celui conclu avec la Russie, le 11 janvier 1787, dont l'article 7 reconnaît la compétence des tribunaux français sur les contestations entre russes, si toutefois les parties refusent de soumettre leur différend à leur consul. L'article 16 du même traité attribue également compétence à nos tribunaux pour les contestations s'élevant à propos de la succession d'un russe mort en France. Ce traité a été remplacé par la convention de 1874 sur le règlement des successions, qui déclare (art. 10) « que la succession aux biens immeubles sera régie par la loi du pays où ils se trouvent », et la succession aux biens mobiliers par les tribunaux de l'Etat auquel appartenait le défunt; la même convention reconnaît la compétence de nos tribunaux pour les affaires maritimes.

La convention du 15 juin 1869 avec la Suisse énumère les divers cas que nous venons de passer en re-

F

vue et en attribue la compétence à nos tribunaux, ne faisant d'ailleurs ainsi que se conformer à une jurisprudence déjà établie. Ce traité dont nous avons eu à nous occuper déjà et dont nous avons reproduit les principales clauses au sujet de l'application de l'article 14 (1), décide notamment que dans les contestations entre Suisses qui seraient tous domiciliés en France, le demandeur pourra saisir le tribunal du domicile du défendeur sans que les juges puissent se déclarer incompétents à raison de l'extranéité des parties contractantes.

En vertu de ce traité, et c'est ce qui lui donne une grande importance, la Suisse est certainement la nation la plus favorisée en ce qui concerne la compétence. C'est donc à cette convention qu'il faudra toujours se rapporter lorsqu'il s'agira d'interpréter au sujet d'une autre nation la clause accordant le traitement de la nation la plus favorisée.

Toutefois nous croyons devoir faire ici une observation très importante. La plupart des traités d'amitié, de commerce, de navigation, de douanes, etc.., porte la clause de « traitement de la nation la plus favorisée ».

Nous croyons qu'insérée dans des traités de ce genre, elle n'influe nullement sur la compétence, mais seulement sur les matières faisant l'objet de la convention qui la porte.

Nous estimons donc qu'un tribunal devra tenir compte de la clause dont s'agit en ce qui concerne la

(1) V. p. 126 *Supra*.

compétence, seulement lorsqu'elle aura été consentie dans un traité réglementant soit la compétence en particulier, soit la jouissance des droits civils en général.

Aussi nous ne pouvons approuver la doctrine adoptée par le tribunal de la Seine, confirmée par la Cour de Paris le 5 mars 1885 et sanctionnée par la Chambre des requêtes de la Cour suprême et aux termes de laquelle le tribunal français serait compétent pour juger une contestation entre brésiliens par combinaison de l'article 2 du traité franco-suisse et de la clause d'un traité d'amitié, de commerce et de navigation conclu avec le Brésil le 7 janvier 1826 et accordant à ce pays le traitement de la nation la plus favorisée.

Une pareille interprétation que les diverses juridictions précités ne motivent d'ailleurs dans aucune mesure, aurait une portée désastreuse en toutes matières. En ce qui concerne seulement la compétence, si nous admettons l'application du traité franco-suisse entre brésiliens, il nous faudra l'accepter aussi entre français et brésiliens ; il sera de même applicable entre français et persans en vertu du traité d'amitié du 12 juillet 1855. Le français devra donc assigner en Perse ou au Brésil pour une obligation commerciale même née en France et devant s'y exécuter, et les tribunaux ne pourraient se dessaisir d'une contestation d'état entre sujets brésiliens ou persans domiciliés en France, absolument comme s'il s'agissait de sujets espagnols bénéficiant des clauses exceptionnelles du traité du 6 février 1882.

Nous croyons que de pareilles conséquences sont la

méilleure et la plus efficace condamnation d'une doctrine qui, nous l'espérons, sera réformée à la première occasion.

Il nous paraît intéressant de transcrire l'article 3 du traité franco-espagnol, du 6 février 1882, auquel nous venons de faire allusion, car la clause qu'il contient a la plus grande importance en ce qui concerne la compétence des tribunaux :

« Les français en Espagne, dit ce traité, et les espagnols en France jouiront réciproquement d'une constante et complète protection pour leurs personnes et pour leurs propriétés, et *auront les mêmes droits. (excepté les droits politiques)* et *les mêmes privilèges qui sont ou seront accordés aux nationaux, à la condition toutefois de se soumettre aux lois du pays.*

« Ils auront en conséquence un *libre* et *facile accès auprès des tribunaux* de justice, tant pour réclamer que pour défendre leurs droits à tous les degrés de juridiction établis par les lois ; ils pourront employer dans toutes les instances les avocats, avoués et agents de toute classe qu'ils jugeront à propos et jouiront enfin, sous ce rapport, des mêmes droits et avantages déjà accordés ou qui seront accordés aux nationaux. »

« Des deux paragraphes qui composent cet article du traité espagnol, dit M. René Vincent dans une étude qu'il y consacre, le premier a une importance considérable ; il assimile l'étranger au national ; les espagnols en France peuvent réclamer la jouissance de tous les droits réservés aux français ; il ne nous paraît pas possible d'interpréter autrement le texte du traité. »

Aujourd'hui, ce traité de commerce franco-espagnol a été dénoncé, et par conséquent aucune des clauses qu'il contenait n'est plus en vigueur.

Il est certain que depuis 1882, jusqu'au 1ᵉʳ fév. 1892, en présence des termes du premier paragraphe de ce traité, nos tribunaux ne pouvaient se refuser à juger même des questions d'état et de statut personnel soulevées entre espagnols domiciliés de fait en France.

Aussi, a-t-on vu en 1878. en 1881 et en 1882, le tribunal de la Seine se déclarer incompétent dans une demande en mainlevée d'opposition à mariage et dans deux actions en nullité de mariage, tandis que la Cour de Caen, en 1884, la Cour de Cassation en 1885 et le tribunal de la Seine, en 1887 (1), reconnaissaient la compétence des tribunaux français en matière de séparation de corps entre sujets espagnols, domiciliés en France.

Les deux jurisprudences que nous venons de signaler, celle antérieure à 1882, et celle postérieure à cette date, étaient absolument conformes, la première à la convention consulaire de 1862 et la seconde au traité de 1882.

C'est donc à tort que M. René Vincent a vivement critiqué les jugements de 1878, 1881 et 1882, auxquels nous venons de faire allusion.

Notre honorable confrère a commis cette erreur capitale de croire que l'article 2 de la convention consulaire du 7 janvier 1862 était conçu dans le même es-

(1) Caen, 16 mai 1884; Req. 3 juin 1885; Seine, 6 déc. 1887.

prit et les mêmes termes que l'article 3, du traité du 6 février 1882. Il n'en est rien. La convention de 1862, ne contient pas la clause si importante de l'assimilation et on n'y lit pas la phrase suivante : *et auront les mêmes droits (excepté les droits politiques) et les mêmes privilèges qui sont ou seront accordés aux nationaux, à la condition toutefois de se soumettre aux lois du pays.*

A part ces lignes, l'article 2 de la convention de 1862 et l'article 3 du traité de 1882 sont identiques, mais cette différence suffit pour justifier les deux doctrines adoptées par les tribunaux avant et après 1882, et réduire à néant les critiques de M. René Vincent.

Mais aujourd'hui, après la dénonciation du traité de 1882, l'article 3 de la convention de 1862 a-t-il repris sa vigueur, ou bien doit-on traiter les espagnols comme ne bénéficiant d'aucune convention ? En d'autres termes et d'une manière générale, un traité doit-il être considéré comme ayant cessé totalement d'être en vigueur par cela seul que d'autres conventions ont été signées ?

Nous ne le croyons pas, et dans le cas particulier, nous estimons que la convention franco-espagnole de 1862 a repris force et vigueur du moment qu'elle n'a jamais été abrogée ni dénoncée. C'est d'ailleurs ce que le tribunal de la Seine a jugé à l'occasion du traité de commerce et de navigation franco-portugais du 9 mars 1853. Depuis cette époque, la France a conclu avec le Portugal deux autres traités en 1866 et 1881. Ces derniers traités ne renferment pas la clause du *libre et*

facile accès qui se trouve dans celui de 1853. Il a été
jugé qu'un portugais pouvait cependant se prévaloir de
cette clause à laquelle la jurisprudence attache des
effets importants :

« Attendu, dit le Tribunal, que si le traité de 1853
a été plusieurs fois modifié dans certaines de ces
clauses, notamment les clauses commerciales, il n'a
jamais dans son ensemble été dénoncé ou abrogé, et
qu'il subsiste dans les dispositions qui ne sont pas
contraires aux modifications qui y sont apportées. »

En vertu de cette doctrine que nous adoptons, les
espagnols jouissent donc, ainsi que les sujets de nombreuses autres nations, du *libre et facile accès* (1).

Pour en bénéficier au point de vue de la compétence, il faut d'abord que l'étranger soit domicilié de
fait en France, ce qui est, d'ailleurs, une application
simple des règles ordinaires de compétence générale.

Dans ce cas, l'effet de la clause sera d'enlever aux
juges français la faculté de se dessaisir d'une contestation portée devant eux et de rendre leur compétence
obligatoire, même sur les questions d'État.

Diverses lois et divers décrets sont encore venus
régler la compétence en certaines matières. Ainsi la
loi du 5 juillet 1844, sur les brevets d'invention, du
28 mars 1852 sur la contrefaçon, du 23 juin 1857 sur
les marques de fabrique, établissent dans divers cas
que la connaissance des contestations doit appartenir à
nos tribunaux.

(1) Seine, 8 mars 1890.

VII. — La jurisprudence admet enfin la compétence obligatoire de nos tribunaux lorsqu'un étranger leur demande de rendre exécutoire en France un jugement qu'il a obtenu à l'étranger contre un étranger.

Cette demande est rendue nécessaire par les textes suivants :

« Article 546 du Code de procédure.— Les jugements rendu par les tribunaux étrangers et les actes reçus par les officiers étrangers ne seront susceptibles d'exécution en France que de la manière et dans les cas prévus par les articles 2123 et 2128 du Code civil. »

« Article 2123. — L'hypothèque ne peut pareillement résulter des jugements rendus en pays étranger qu'autant qu'ils ont été rendus exécutoires par un tribunal français, sans préjudice des dispositions contraires qui peuvent être dans les lois politiques ou dans les traités. »

En présence des termes de ces articles, il nous semble que ce serait un véritable déni de justice que de refuser d'examiner la demande d'*exequatur*, présentée par un étranger sous le prétexte que le jugement dont il est porteur est rendu contre un autre étranger.

Cependant la Cour de Paris se refusa a examiner une demande de cette nature par un arrêt du 15 juin 1861, qui fut cassé par la Cour suprême, le 10 mars 1863, dans un arrêt qui a fixé depuis la jurisprudence.

Une question bien plus controversée, et d'ailleurs fort délicate, est celle de savoir comment le tribunal doit procéder pour accorder ou refuser la formule exécutoire au jugement étranger. Il est évidemment admis par tout le monde qu'il ne devra jamais rendre exécutoire un jugement contraire à l'ordre public, en consacrant un principe attentatoire à la souveraineté de l'Etat, au respect de nos lois. Mais peut-il reviser au fond la sentence étrangère ?

La jurisprudence répond très nettement à la question. Pour elle tout jugement doit être révisé au fond aux points de vue du fait et du droit, sans tenir compte de la décision étrangère (1) Il en sera de même d'une sentence arbitrale en cas d'arbitrage forcé : c'est en effet un véritable jugement (2).

Ce système est très vivement combattu et d'autres systèmes sont soutenus, invoquant tous des arguments sérieux. Il ne rentre pas dans notre sujet de traiter cette controverse ; ce n'est point là une question de compétence.

Cependant nous tenons à indiquer le système pratiqué : c'est celui de la revision.

Il nous paraît impossible de le condamner dans la pratique.

Il est en effet impossible d'autoriser l'exécution, en France, de jugements de tous les pays, dont quelquesuns ont des lois imparfaites, des procédures vicieuses, des tribunaux insuffisants, des pratiques dangereuses. Il y a donc lieu pour notre autorité judiciaire de se rendre compte de la décision qui lui est soumise ; car les articles 546 et 2123 lui font un devoir de refuser,

(1) Pau, 17 janvier 1872.
(2) Cass., 16 juin 1840.

s'il y a lieu, l'*exèquatur*. Il faut donc procéder à un examen complet du jugement pour prendre une décision en connaissance de cause.

Nous ne nous dissimulons pas que c'est faire peu de cas des tribunaux étrangers ; nous savons même que dans certains pays cette pratique de la revision est considérée comme équivalent à un refus systématique d'*exequatur*, auquel on répond par un refus tout aussi systématique de procéder même à l'examen d'une demande de même genre relative à un jugement français. Nous savons cela, mais nous reconnaissons aussi que, si l'on peut accepter sans examen les sentences émanant de certaines nations, il serait dangereux de les accepter de même, émanant de certaines autres.

C'est ainsi d'ailleurs que les pouvoirs publics l'ont compris et que certains traités sont déjà intervenus (1) pour réglementer la matière ; il en interviendra sûrement d'autres au fur et à mesure que les législations civiles, commerciales et de procédure se rapprocheront le plus qu'il sera possible de l'unification, et que l'organisation judiciaire de chaque pays inspirera une pleine confiance à tous les autres.

Section II.

Compétence facultative.

Nous avons parcouru les différents cas où les tribu-

(1) Italie, 1ᵉʳ septembre 1860 ; Suisse, 15 juin 1869,

naux français doivent obligatoirement connaître des contestations entre étrangers. En dehors de ces cas leur compétence devient facultative, c'est-à-dire que si le défendeur étranger refuse d'être jugé par eux ils pourront se déclarer incompétents, et le pourront même d'office, s'ils le croient convenable ; car ils ne remplissent qu'un rôle d'arbitre, qui ne peut jamais être forcé (1).

I. — En général si le fait ou la convention qui donne lieu au procès a eu lieu à l'étranger, nos tribunaux se déclarent presque toujours incompétents ; mais si, au contraire, l'acte a été passé en France, ou s'il doit y être exécuté, ils refusent rarement de juger, à moins que le défendeur ne décline leur juridiction.

MM. Massé et Bonfils, avec quelques autres auteurs, ont même affirmé que, dans ce dernier cas, la compétence devait être obligatoire, le fait de l'exécution du contrat en France impliquant élection de domicile. Nous n'en croyons rien ; il nous semble que si telle avait été leur intention, les parties l'auraient stipulé et d'un autre côté, pour que ce résultat se produisit par le seul fait de l'exécution de la convention, il faudrait que nos lois de procédure admissent le *forum contractus*.

Quoi qu'il en soit, nos tribunaux, dans ce cas, se déclarent de fait presque toujours compétents (2).

(1) Cass., 17 juillet 1877.
(2) Caen, 5 juin 1846 ; Paris, 17 avril 1852, 12 juillet 1870 ; Cass., 10 mars 1858 ; Metz, 26 juillet 1865.

II. — Quelle est l'exception que peut invoquer le défendeur pour décliner la juridiction du tribunal devant lequel il est cité et à quel moment doit-il l'opposer ?

L'étranger défendeur pour décliner cette juridiction doit soulever l'exception d'incompétence de l'article 169 du Code de proc. civ. qui doit être soulevée *in limine litis*, sans quoi il serait censé y avoir renoncé et ne pourrait certainement plus l'invoquer en appel ni en cassation.

Dans le cas où le défendeur ne soulèverait pas l'exception d'incompétence le tribunal pourrait se déclarer incompétent d'office. On a essayé de justifier cette faculté en prétendant que dans ces circonstances le tribunal jouait un rôle d'arbitre qui lui laisse un pouvoir discrétionnaire de retenir la cause ou de s'en dessaisir.

Ce n'est là qu'une explication et pas davantage. Aussi M. Bonfils prétend-il en outre que dans l'espèce le tribunal agit en vertu d'une prorogation de juridiction qui n'est jamais obligatoire, car il ne peut être tenu parce qu'il plaît aux parties de s'adresser à lui.

Nous ne croyons pas devoir accepter ce système et nous pensons (avec M. Demangeat) que si l'étranger n'élève pas le déclinatoire d'incompétence, nos tribunaux ne pourront pas se déclarer d'office incompétents par ce motif, qu'en acceptant la juridiction française, les deux parties ont en réalité fait élection de domicile dans le ressort du tribunal qu'elles acceptent pour juge ; car si le fait de déclarer un contrat exécutoire en France ne prouve pas, comme nous l'avons dit plus haut, qu'il y ait élection de domicile de la part des parties, le fait d'accepter une juridiction que l'on peut décliner le prouve suffisamment, et nous avons vu que dans ce cas la jurisprudence reconnaît la compétence de nos tribunaux.

En résumé, le principe proclamé est l'incompétence des tribunaux français sur les contestations entre étrangers en matière personnelle et mobilière.

Dans la pratique, le droit commun lui-même quelquefois, le plus souvent les conventions diplomatiques, les circonstances de fait, cette puissance indéfinissable qu'on est convenu d'appeler la force des choses, ont tellement exercé d'influence que les exceptions se sont multipliées ; de telle sorte que l'extranéité des parties impose bien rarement l'incompétence à nos tribunaux.

Ils statuent entre étrangers dans toutes les contestations commerciales, sur toutes mesures conservatoires ou d'ordre public, sur toutes demandes de réparation de délits ou quasi-délits commis en France, sur toutes saisies-arrêts, sur les demandes incidentes, sur les interventions et, d'une manière générale, sur l'exécution de toutes obligations dérivant du droit des gens.

Si l'étranger est autorisé à avoir son domicile en France, l'article 13 du Code civil l'assimile à nos nationaux pour l'exercice des droits civils et nos tribunaux sont tenus de le juger comme un plaideur français.

Si au contraire l'étranger a seulement un domicile de fait ou même une simple résidence, les tribunaux sont compétents pour toute sorte de litige, sauf les questions d'Etat.

Il est vrai que dans des cas nombreux la compétence est purement facultative; le tribunal conserve le droit de se dessaisir, mais il en use rarement.

Nous pouvons donc conclure que de l'incompétence des tribunaux français dans les contestations entre étrangers il ne reste plus que le principe.

POSITIONS

DROIT ROMAIN

POSITIONS PRISES DANS LE SUJET DE THÈSE :

I. — Il n'était pas nécessaire de joindre une *nuncupatio* à la *mancipatio* pour que cette dernière engendrât l'obligation de fournir l'*auctoritas*.

II. — Dans le droit classique l'exception de garantie est indivisible, même en ce qui concerne plusieurs héritiers d'un vendeur unique.

III. — Le vendeur ne doit garantie à raison de l'existence de servitudes grevant le fonds vendu, que s'il a vendu *uti optimus maximus*.

IV. — L'action *ex empto* ne fait pas toujours obtenir à l'acheteur une somme au moins égale au prix de vente.

POSITIONS PRISES EN DEHORS DE LA THÈSE :

I. — L'opinion d'Africain sur la validité du payement à l'*adjectus solutionis gratia* après un change-
ment d'état, ne peut pas se concilier avec l'opinion de
Papinien et de Julien.

II. — L'agnation s'étend à l'infini sur tous ceux qui
sont réunis sous la puissance d'un même chef de famille,
quelque éloignés qu'ils soient.

III. — Le contrat *litteris* est formé par l'inscription
de la somme reçue sur les registres seuls du créancier,
à la condition que cette inscription ait eu lieu du consentement ou par ordre du débiteur.

IV. — L'exception *doli* n'a pas pour effet de trans-
former une action de droit strict en action de bonne
foi.

DROIT FRANÇAIS

POSITIONS PRISES DANS LA THÈSE :

I — Le tribunal français saisi d'une demande en
exequatur d'un jugement rendu à l'étranger, peut en

examiner le fond et rechercher s'il a été bien ou mal jugé.

II. — Les sujets d'une nation qui jouit de la clause du « libre et facile accès » ne sont point dispensés de fournir la caution *judicatum solvi*.

III. — La clause assurant le traitement de la nation la plus favorisée, insérée dans un traité d'amnistie, de commerce et de navigation, n'a aucune portée en matière de compétence judiciaire, si cette dernière n'est spécialement indiquée.

Elle ne produit d'effet par elle-même en cette matière que lorsqu'elle est contenue dans un traité réglant des questions de compétence.

IV. — La loi du 24 juillet 1867, en supprimant la nécessité de l'autorisation préalable pour les sociétés anonymes françaises, n'a pas abrogé la loi du 30 mai 1857 relative aux sociétés anonymes étrangères.

DROIT CIVIL

I. — La séparation des patrimoines constitue à proprement parler un privilège.

II. — Le droit de reprises de la femme après la dissolution de la communauté constitue, non pas un droit de propriété, mais un droit de créance, *sui generis*.

F   13

III. — L'action en rescision est mixte contre l'acheteur et réelle contre le tiers détenteur.

IV. — Une donation de choses mobilières, avec exclusion de la communauté, à un époux donataire qui plus tard succède au donateur comme héritier réservataire, ne constitue un propre que pour la part disponible.

PROCÉDURE CIVILE

I. — Le syndic de la faillite d'une société par actions ne peut poursuivre par voie de folle enchère le payement du prix d'immeubles acquis antérieurement à la faillite par un créancier en compte avec ladite société, admis plus tard au passif, dans une vente judiciaire réalisée à la requête de liquidateurs régulièrement nommés à cet effet; et cela alors même que le prix desdits immeubles constitue le seul actif de ladite faillite.

L'acquéreur sera libéré en versant à la masse la différence entre son prix d'achat et le dividende à lui revenir.

II. — La connaissance de l'action *possessoire* pour troubles à la possession du défendeur survenus au cours d'une instance pétitoire, ne peut être retenue par le tribunal civil.

DROIT CRIMINEL

I. — Dans le cas de délits commis par les personnes désignées dans les articles 479, 483, du Code d'instruction criminelle et 10 de la loi du 28 avril 1810, le réquisitoire à fin d'information de M. le Procureur général n'est point un acte interruptif de la prescription.

II. — L'article 177 du Code pénal n'est pas applicable à une personne investie d'un mandat électif à raison de ses votes, discours ou agissements tendant à assurer ou empêcher le succès d'une loi ou mesure générale quelconque.

Vu : Le Président de la Thèse,   Vu : Le Doyen,

      BUFNOIR.   COLMET DE SANTERRE.

Vu et permis d'imprimer :

Le Vice-Recteur de l'Académie de Paris,

GRÉARD.

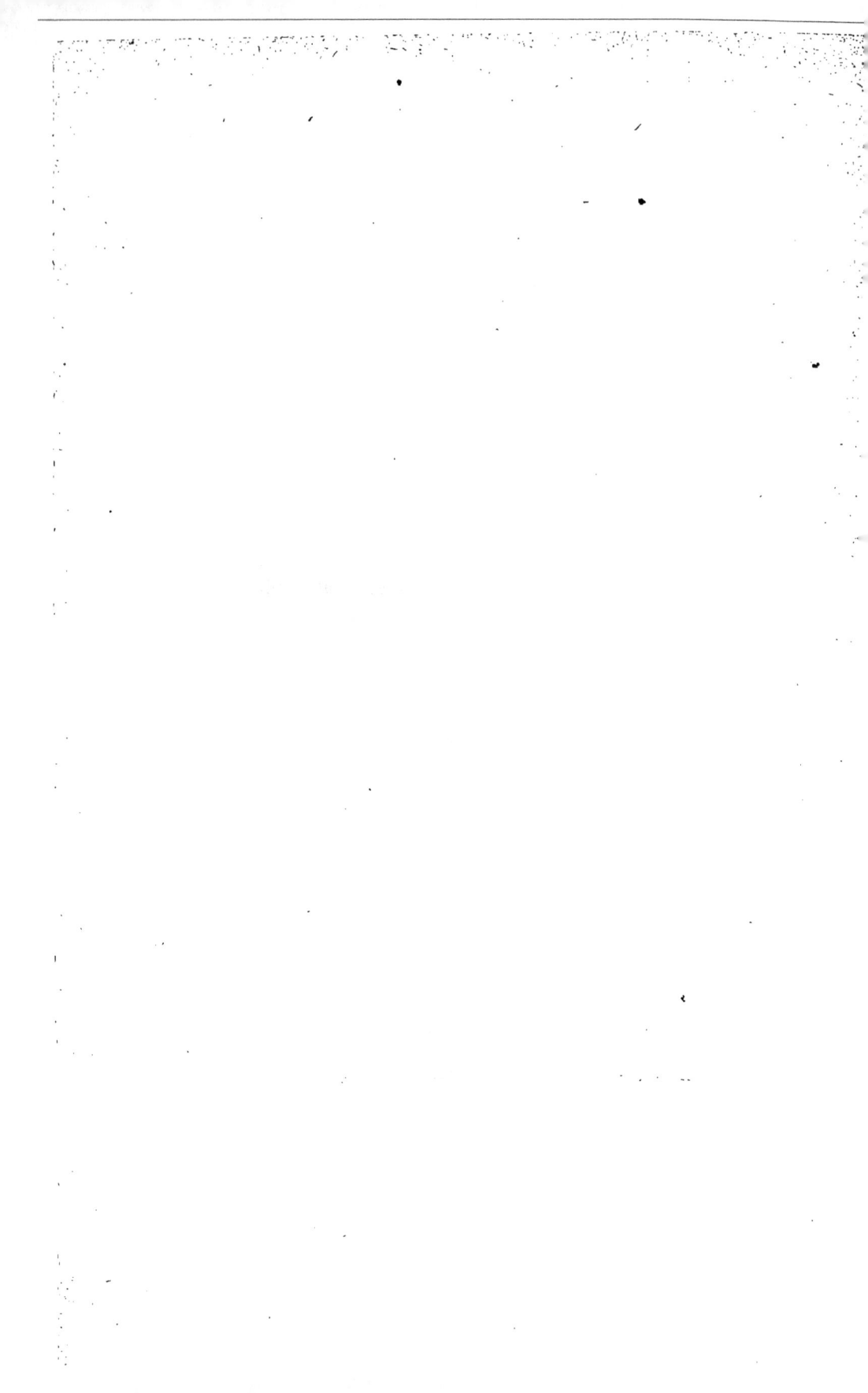

TABLE ANALYTIQUE DES MATIÈRES

DROIT ROMAIN

Section II.

Nature de l'obligation de garantie.

Section III.

Etendue de l'obligation de garantie.

Chapitre II.

Effets de l'obligation de garantie ou exercice des actions en garantie.

Section I.

Section II.

Section. III.

Section IV.

Recours en garantie par les actions *ex empto* et *ex stipulatu.*

Ressemblances et différences des deux actions.

Section V.

CHAPITRE III.

Extinction de l'obligation de garantie.

DROIT FRANÇAIS

Paris. — Imp de la Faculté de Médecine, Henri Jouve, 15, rue Racine

www.ingramcontent.com/pod-product-compliance
Lightning Source LLC
Chambersburg PA
CBHW072309210326
41519CB00057B/3114